REVUE AFRICAINE

AF742021

★

LETTRES, ARTS, SCIENCES HUMAINES ET SOCIALES

★

N°7

Numéro coordonné par
Oriane Letourneur et Doudou Dieng

Financé par la Fondation Gabriel Péri

FIKIRA

L'Harmattan

REVUE AFRICAINE
LETTRES, ARTS, SCIENCES
HUMAINES ET SOCIALES

★

Revue semestrielle éditée par
L'Harmattan et publiée par Fikira

★

N° 7 juin 2013

FIKIRA

L'Harmattan

© L'HARMATTAN, 2014
5-7, rue de l'École-Polytechnique ; 75005 Paris

http://www.harmattan.fr
diffusion.harmattan@wanadoo.fr
harmattan1@wanadoo.fr

ISBN : 978-2-343-034003
EAN : 9782343034003

Comité de direction : Mamoussé DIAGNE – Romuald FONKOUA – Jean-Godefroy BIDIMA

Rédacteurs en Chef : Oriane LETOURNEUR, Doudou DIENG
Secrétaire administratif : Alexandre DEHAIS

Membres du Comité Scientifique : Babacar Mbaye DIOP, Mamoussé DIAGNE, Paulin HOUNTONDJI, Jean-Godefroy BIDIMA, Bernard ZONGO, Romuald FONKOUA, Roger SOMÉ, Pape NDAO, Odile BLIN, Michel LESOURD, Fabienne LECONTE, Jean Pierre DOZON

Membres du Comité de Rédaction : Cheikh Moctar BA, Abou Bakry KEBE, Alexandre DEHAIS, Doudou DIENG, Babacar Mbaye DIOP, Oriane LETOURNEUR, Bacary SARR, Nathalie LOISON, Fernand PISSANG KELLER

Membres correspondants

Algérie : Mohamed Rafik BENAOUDA

Bénin : Laure Clémence CAPO-CHICHI

Côte d'Ivoire : Elvis KOFFI

Suisse : Christine Rodier

Adresse : **FIKIRA-Revue Africaine** – Université de Rouen, M. U. 2, Place Émile Blondel - 76130 MONT-SAINT-AIGNAN. – FIKIRA, juin 2013 – Tous droits réservés. Site web: http://www.revueafricaine.com

REVUE AFRICAINE

DE LETTRES, ARTS, SCIENCES HUMAINES ET SOCIALES

Revue d'étude et de réflexion, *Revue Africaine* cherche à promouvoir les Lettres, les Arts, les Sciences Humaines et Sociales.

Les textes publiés dans *Revue Africaine* expriment les opinions de leurs auteurs et n'engagent pas la responsabilité de la rédaction.

REVUE AFRICAINE est une publication de FIKIRA, association (de loi 1901) qui a pour but de vulgariser la pensée africaine et d'aider les jeunes chercheurs à publier leurs travaux.

Le NEPAD face à l'enjeu développementaliste d'un continent : quelle analyse du partenariat international ?

Patrice Moundounga MOUITY*

Les mutations économiques et sociopolitiques qui ont reconfiguré le monde à l'orée du XXe siècle ont conduit l'Afrique à prendre en compte les déséquilibres géopolitiques de cette reconfiguration et à envisager autrement les mécanismes de gouvernement de sociétés en mutation.

Ces nouveaux paradigmes ont permis depuis le début des années 1990 de marquer une rupture entre la gouvernance postcoloniale et celle de la période des transitions démocratiques ayant abouti à de nouvelles capacités de gestion des systèmes politiques africains. Dans cette perspective, avec la mise en place du suffrage universel, les traditions d'autoritarisme et d'autocratie ont été remplacées par un critérium plus légitime. Pour autant, l'émergence du multipartisme n'a pas permis à l'Afrique de rompre avec ses pratiques subjectives du pouvoir, malgré quelques rares exceptions.

Les institutions financières internationales se sont particulièrement intéressées à la situation de cet ensemble démo-géographique qui, malgré de nombreux avantages pour son développement endogène, reste marqué par la souffrance des dispositifs d'institutionnalisation, le blocage de la démocratisation, la mauvaise gouvernance et la corruption des processus.

Leur permanence est liée au sous-développement sur laquelle prennent racine les manipulations politiques. Et d'ailleurs, ce continent est façonné « depuis son émancipation du joug colonial à partir de la deuxième moitié du Xe siècle, par des ambivalences, des contrastes et une antinomie dans le rapport entre l'exploitation de ses abondantes ressources et la diffusion de la prospérité qui aurait dû en résulter »[1] . L'Afrique apparaît d'emblée comme un site étrange à la

*Socio-politiste, diplômé CEAN/IEP de Bordeaux, auteur d'articles et d'ouvrages sur l'Afrique et le Gabon. Courriel : patricemm2000@yahoo.fr

[1] M-L. Ropivia, *L'Afrique et le Gabon au XXIème siècle. Révolution développementaliste ou développement du sous-développement*, Paris, éd. Mare et Martin, 2007, p. 13.

fois, avantageux et désavantageux, et donc dans une trajectoire paradoxale qui en explique largement la complexité historique.

Vieux débat du point de vue de sa nature, le problème du sous-développement trouve dans son caractère évolutif et ses implications polymorphes, non seulement une pluralité de niveaux, mais surtout les fondements de sa réactualisation dans ce contexte contemporain marqué par des transformations profondes. Ces changements qui ont rythmé la dernière décennie du siècle, ont ravivé la donne du développement, et partant celle de la bonne gouvernance. Leurs implications géopolitiques conduisent à des combinaisons opératoires suscitant l'urgence de conceptions endogènes novatrices, pour répondre à la question du mal développement, mais surtout à celle plus large de la mauvaise gouvernance. Pour une Afrique dans l'incertitude, la référence au développement se justifie par la nécessité d'apprécier autrement la capacité des États à gouverner et inventer des projets progressistes. C'est donc dans ce contexte qu'il faut situer la création du Nouveau partenariat pour le développement de l'Afrique (NEPAD), faute de l'existence d'un appareil communautaire, crédible et efficace, susceptible de modifier sa position marginale.

Ainsi, en face à ces déficits, les dirigeants africains ne pouvaient rester indifférents devant les changements politiques de cette nouvelle ère : la mondialisation. C'est cette prise de conscience qui a amené certains dirigeants africains à proposer à la communauté internationale un nouveau contrat social de gouvernement pour tenter de construire une nouvelle société africaine, actrice du système international. C'est dans ces conditions qu'on a assisté à la mise en place du NEPAD. Ce programme panafricain, d'édification d'une « renaissance africaine », représente une alternative à la démocratisation et au blocage des institutions, et s'apparente à ce que Marc-Louis Ropivia nomme une « révolution spirituelle propédeutique »[2] utile au développement. De fait, les questionnements centraux sont les suivants : d'où titre-t-il son origine ? À quoi sert-il ? Et pour quels intérêts ?

Afin de saisir les contours du NEPAD, il paraît essentiel de le présenter de manière à mettre en relief les formes successives et les contenus qu'il revêt ainsi que les expériences dont il se nourrit.

Le NEPAD et le continent africain : acteurs et enjeux

Le NEPAD est un programme mis en place en 2001 par cinq dirigeants de pays africains qui constituent des puissances régionales : l'Afrique du Sud, l'Algérie, l'Égypte, le Nigeria et le Sénégal. Il a été

[2] M-L. Ropivia, Op cit, p. 14.

adopté le 23 octobre 2001 par l'Organisation de l'unité africaine (OUA), puis soumis aux dirigeants du G8 au sommet de Kananaskis le 26 juin 2002 pour mettre en place un partenariat entre l'Afrique et les acteurs au développement.

En effet, dans un contexte de blocage économique et de régionalisation des conflits, le NEPAD représente une occasion pour le continent africain de modifier son positionnement international et de relever de nombreux défis (démographiques, politiques, environnementaux, technologiques, etc.), mieux, de prévenir et de gérer les conflits. Selon ses promoteurs, son originalité principale est qu'il s'agit d'une initiative émanant de l'intérieur mais nanti des plans antérieurs. À ce titre, il se démarque de tous les anciens programmes par sa démarche. Il souligne implicitement la responsabilité des Africains face à l'échec du développement et suggère des solutions internes avec l'appui extérieur.

De plus, il est possible de le réduire à un programme « néolibéral » porteur d'une idéologie artificielle qui se déploie non seulement à partir de l'exclusion des peuples africains du processus de croissance, mais aussi sur une alliance avec les forces de l'économie de marché. C'est dire que cette dynamique est en phase avec les attentes des institutions financières internationales en termes de bonne gouvernance, de démocratie et des droits de l'Homme, même si elle n'est pas sans soulever beaucoup d'interrogations et d'incertitudes. Dans cette perspective, pour parvenir à financer les projets retenus et pallier son double processus de légitimité/légitimation, il a été institué le mécanisme africain d'évaluation des pairs, une technique de surveillance réciproque des gouvernants basée sur le modèle de l'évaluation des pays dans les organisations internationales.

À travers ce mécanisme le continent africain glisse incontestablement vers un nouveau mode de légitimité. On passe désormais du pouvoir au comptable, c'est-à-dire de la légitimité électorale à une légitimité de type technocratique ou bureaucratique. Les politiques des dirigeants ne sont plus évaluées au moyen du suffrage universel mais par un comité d'experts africains regroupé autour d'un panel indépendant des personnalités éminentes (PIPE).

Dans ce cadre, quatre principaux objectifs ont été fixés : la paix et la sécurité, la gouvernance, la santé et l'éducation, la croissance économique et l'investissement. La mobilisation des fonds privés indispensables à la réalisation des projets intégrateurs est l'œuvre de la Banque africaine de développement (BAD) en tant que coordinateur central de financement du programme, surtout en matière d'infrastructures régionales. Ces transformations apparaissent comme une réponse à la mondialisation selon les auteurs du NEPAD, mais représentent une alternative à l'impossibilité d'une démocratie qui fonctionne mal sur ce continent. D'où sa reconfiguration géopolitique qui peut se lire à travers une division continentale de l'autorité autour des différents pôles sous-régionaux de l'Union africaine.

1960-1989 : les origines intellectuelles et idéologiques du NEPAD

Le processus de diffusion en Afrique autour du NEPAD s'est fait grâce à la « renaissance africaine » ; donc à partir des temporalités cycliques importantes qui marquent le renouveau institutionnel actuel. Pour marquer l'affirmation d'un désir collectif d'unité continentale, les leaders africains ont eu recours à l'histoire en vantant les mérites de l'Organisation de l'Unité Africaine (OUA) et de l'investissement de ses leaders pour parvenir à rallier une coalition de pays.

En effet, « *l'Afrique a dépassé le stade où incriminer le passé pour ses problèmes. C'est à nous qu'il incombe de réparer ce passé, avec le soutien de ceux qui acceptent de participer avec nous à un renouveau continental. Nous avons une nouvelle génération de dirigeants conscients que nous devons assumer la responsabilité de notre propre destinée, que nous nous élèverons seulement par nos propres efforts menés en partenariat avec ceux qui nous souhaitent le succès* »[3].

Le NEPAD est issu directement de l'idée d'une « renaissance africaine », initialement évoquée par Nelson Mandela, puis développée par son successeur Thabo Mbeki. Si la promotion de la renaissance a été l'objectif, le NEPAD est le plan qui a été prévu pour l'atteindre. Au cours des années qui ont précédé la création de l'OUA, l'Afrique se divisait en deux groupes philosophiques : le bloc (radical) de Casablanca et les groupes (plus modérés) de Monrovia et de Brazzaville[4].

Toutefois, l'alignement des pays dans ces différents blocs n'a pas permis d'imprégner véritablement un débat unitaire au cours des quatre dernières décennies. L'origine du NEPAD est à rechercher d'abord dans les réalités post-guerre froide qui se sont traduites par des déséquilibres de pouvoir entre le continent africain et les pays

---

[3] Allocution du Président Nelson Mandela au Forum économique mondial de Davos (Suisse) le 29 janvier 1999.

[4] Le groupe de Brazzaville représentait une approche gradualiste de l'unité africaine et préconisait une association assez lâche des États africains. Le groupe de Casablanca, par contre, appuyait la création d'États-Unis d'Afrique selon le modèle fédéraliste. Il y avait en outre un troisième groupe idéologique - le groupe de Monrovia - qui rejetait toute forme d'intégration politique mais insistait sur les principes de la souveraineté et de la non-ingérence dans les affaires internes de l'État.

industrialisés. Ensuite, il est le fruit des contestations contre les régimes autoritaires. Le NEPAD intervient après six autres initiatives régionales : le Plan de Lagos (PAL, 1980-2000) avec la loi finale de Lagos de 1980, le Programme prioritaire pour le redressement de l'Afrique (PPRA, 1986-1990) de l'OUA converti en programme des Nations Unies pour le redressement et le développement de l'Afrique (PANURDEA-1986), le Cadre alternatif africain d'ajustement structurel pour la transformation socio-économique (CAA-PAS, 1989), la Charte africaine pour la participation populaire au développement (1990) et le Nouveau programme des Nations Unies pour le développement (1990-1991). C'est dans cette perspective, que durant la décennie 1980 l'OUA va se ranger dans le camp gradualiste, bloc envisageant la constitution d'un ensemble économique uni, enraciné autour d'institutions communes : un régime douanier, un parlement et une monnaie.

La compréhension du NEPAD ne peut porter que sur la seule pertinence de la validité de ses objectifs déclarés et du modèle de relation qui y est attaché. Les lignes qui suivent font une analyse critique de l'idéologie des élites africaines, ainsi qu'un examen des paramètres qui ont entravé le développement économique et politique du continent.

1989-1999 : l'échec des plans économiques et de la démocratisation

La « renaissance africaine » trouve sa consécration dans les enjeux et débats portant sur la meilleure façon de faire face aux défis du développement et de la croissance économique, et sur la promotion d'institutions susceptibles d'impulser cette dynamique Ce programme voit le jour après les premières élections démocratiques sud-africaines de 1994 qui vont relancer de grands débats sur les possibilités d'une « renaissance africaine ». Plan assez visionnaire en ce qu'il veut promouvoir un changement de modèle dans les relations internationales de l'Afrique et dans les politiques intra-africaines. Cette dynamique interne à l'Afrique du Sud est indéniablement liée aux évolutions externes qui lui ont non seulement permis d'être légitime, mais surtout de garder toute son importance dans ce contexte politique contemporain.

C'est dire que les origines sont moins récentes qu'on ne pouvait l'imaginer. Elles réactivent tous les éléments qui font sens en Afrique et qui pouvaient susciter l'adhésion à cette croyance l'idée d'africanisation des cadres faisant sens dans l'imaginaire continental, le destin de Thabo Mbeki et de son pays ne pouvait échapper au destin du continent. Appréhender le NEPAD à partir de l'interaction dynamique de la dichotomie entre *politics* et *policies* relève d'une entreprise d'analyse des politiques publiques, basée elle-même sur les matériaux d'interprétation néo-institutionnelle. Cette articulation permet de mettre en évidence un certain relativisme qui peut paraître salutaire en raison des grandes généralisations sur les terrains africains. L'émergence du NEPAD au tournant du millénaire ne doit pas être abordée de façon simpliste sous l'angle de l'occidentalisation. Ce programme peut être considéré comme un processus général de structuration d'une société africaine plus ouverte et dans laquelle la formulation d'un *référentiel* des politiques publiques collectives de développement est désormais une construction sociale et non une donnée prescrite. Une sorte d'adaptation des sociétés africaines à l'heure où la mondialisation libérale s'est imposée.

Il convient d'apprécier le processus de construction institutionnelle du nouveau programme africain à partir d'une recomposition de la démarcation du rapport *politics* et *policies*, et qui conduirait à désabuser les discours sur les éléments originaux ou d'emprunts du NEPAD. Le premier renvoie aux règles d'accès et de maintien au gouvernement (qualification des systèmes), le second aux formes de production et de distribution des biens collectifs (efficience de l'action publique).

Le NEPAD est né de l'idéologie de la « renaissance africaine ». Ce discours emprunte beaucoup à la mondialisation libérale, phénomène à travers lequel le continent africain prend en compte les mutations actuelles et tente de se transformer pour compter parmi les acteurs de la scène internationale. Ce discours idéologique a bien malheureusement une forte charge critique. Il met en évidence la minoration historique du continent africain dans le concert des nations. Il est également une critique de son accommodation et de sa marginalisation internationale ou de son assignation en position de spectateur (syndrome de la victimisation) par l'Afrique. À travers le NEPAD, ce continent fait un usage réaliste et pragmatique de sa position de vulnérabilité, en tentant ainsi de saisir les opportunités et les ressources internationales pour essayer d'envisager une modification avantageuse du nouvel ordre. Il semble qu'on peut tout aussi admettre, que l'Afrique adopte un comportement international qui peut paraître tactique, et par lequel elle joue sur un échiquier où se déroule la redistribution de positionnements mondiaux. L'Afrique est stratégiquement en quête d'autonomie et de pouvoir et ne veut donc pas être à l'écart des échiquiers majeurs d'expression de l'influence à « l'ère de la non-fongibilité des ressources de la puissance »[5].

C'est dire, d'un point de vue critique, qu'il convient de relativiser la perception néolibérale du NEPAD qui emprunte aux institutions internationales. Les critiques les plus incisives font du programme africain « un enfant posthume du consensus de Washington ». Il est avant tout un choix politique et idéologique des dirigeants africains mus par une volonté affirmée de faire de l'Afrique un des acteurs de la scène internationale. Les fondements philosophiques de l'orientation néolibérale permettent de nuancer la critique. Le choix des promoteurs du programme peut résider dans le principe de vision ou de conviction suivant lequel l'Afrique ne peut inverser la situation tendancielle de la sociologie de la dynamique mondiale en cours, il est donc important pour ce continent de trouver des solutions possibles pour parvenir tout au moins à tempérer et à amoindrir ses effets et menaces à son encontre. Par ailleurs, si l'on peut admettre que toute réappropriation contient une part de réinvention dans la société réceptrice, le NEPAD ne peut être considéré comme un simple modèle hybride.

Dans ces conditions, l'idéologie de l'opposition acharnée et ardue qui constitue pour une large part le cadre d'expression du NEPAD ne peut être ni fructueuse ni opérationnelle si l'on élargit la compréhension des nouveaux rapports dans un contexte contemporain de l'Afrique au monde. À ce propos, une sociologie du NEPAD dans sa dépendance aux normes internationales permet d'éviter une analyse hâtive et normative en relativisant la critique et en indiquant dans une certaine mesure que le continent africain s'inscrit en cohérence à la nouvelle politique internationale du NEPAD pour élargir confortablement sa position et sa marge de manœuvre dans la nouvelle sociologie de la mondialisation. C'est dans cette perspective que M. Wade a envisagé sa vision africaine de la globalisation en proposant le Plan Omega[6].

Les critiques de la récitation, de l'importation ou de la réduplication néolibérale du NEPAD ne sont pas très pertinentes du fait que c'est à l'intérieur du « paradigme de Washington » que le continent africain, entend imposer et exiger le revirement de sa « situation anormale » dans le monde en transformant les relations qui la soutiennent[7]. On doit appréhender la réappropriation africaine du partenariat comme une tentative de subversion de l'ordre international dans son organisation « polarisée et hiérarchisée » qui tend à nier la

---

[5] B. Badie et M.C. Smouts, *Le retournement du monde. Sociologie de la scène internationale*, Paris, FNSP et Dalloz, 1995.
[6] Consulter le site : http://www.planomega.com.
[7] Une nouvelle initiative africaine, *Op. Cit*, p. 2.

« capacité des pays en développement à contrôler leur propre développement »[8] et à produire dans le « désordre » les voies de leur modernité.

Le jeu des acteurs africains ici consiste à arrimer les universaux de gouvernement à travers le prisme africain de l'économie libérale, le NEPAD c'est l'institutionnalisation d'un nouveau cadre d'interaction avec le monde, notamment avec les partenaires au développement et les institutions financières internationales. Au delà de l'adoption des valeurs et des principes néolibéraux du NEPAD, il y a tout au moins une modification marginale : une tentative de construction de l'alternative et de l'autonomie.

Contrairement à l'analyse dominante des écrits sur le nouveau programme africain, la sociologie de la mobilisation africaine de l'idéologie néolibérale est à la fois une critique et une rectification du consensus de Washington. Il ne s'agit pas de s'inscrire totalement dans la théorie de l'importation (Bertrand Badie et Pierre Birnbaum notamment) où le NEPAD « chercherait à réaliser une aspiration universelle (…) par rapport au mode d'invention occidental »[9]. Mais plutôt d'admettre avec la thèse de l'hybridation institutionnelle (J-F. Bayart, E. Le Roy, D. Darbon, …) que «l'extranéité du continent africain ne résiste pas aux acquis les plus récents de l'histoire »[10]. Pour mieux le comprendre, il est important de ne pas se cantonner sur l'observation de simples correspondances entre les conditionnalités, les domaines d'action et les secteurs prioritaires du NEPAD et ceux du consensus de Washington comme le fait J. Coussy[11] en évoquant son succès posthume dans le discours des États africains mais d'aller au-delà suivant la direction de J. O. Adesina[12] et J. Ohiorhenaun[13] pour

---

[8] Une nouvelle initiative africaine, *idem*, p.8.

[9] B. Badie, « La démocratisation en Afrique subsaharienne », *Revue internationale de Politique comparée*, vol. 1, 1994, n° 3, p. 493.

[10] J. F. Bayart, « L'historicité de l'Etat importé », *Les Cahiers du CERI*, n° 15, 1996.

[11] J. Coussy, « États africains, programmes d'ajustement et consensus de Washington », in FMI et Banque mondiale, peuvent-ils imposer le libéralisme ? *L'Économie politique,* n° 32, 2006.

[12] J.O. Adesina, Development and the Challenge of Poverty : NEPAD, post-Washington Consensus and beyond, *Paper prensented at the Conference on Africa and the Development Challenges of the New Millenium*, La Palm Royal Beach Hotel, Accra, Ghana, 23-26 avril 2002; I. Taylor, The New Partnership of African Development and the Global Political Economy: towards the African Century or Another False Start?, *Paper presented at the Conference on Africa and the Development Challenges of the New Millenium*, La Palm Royal Beach Hotel, Accra, Ghana, 23-26 avril 2002.

[13] J. Ohiorhenaun, The management of African Development: some questions about NEPAD, *Public lecture delivered at the rhodes East London "Public Policy Dialogue Series"*, East London, South Africa, 18 avril 2002.

comprendre que ce programme met en exergue la hiérarchisation de ces domaines et ces secteurs dans les deux agendas et fait ressortir le retournement africain du « consensus de Washington ».

L'affirmation géopolitique et l'augmentation de la valeur économique constituent les enjeux fondamentaux de la raison géostratégique qui légitime le NEPAD en rejetant l'idée de la « perpétuation de la dépendance », en insistant sur la place de l'Afrique au sein de la communauté internationale. Le programme collectif africain s'inscrit dans la formulation d'une réponse commune à la réalité de la donne libérale qui accompagne le nouvel ordre mondial. Le programme du NEPAD est en cohérence parfaite avec la stratégie de l'*ownership* qui implique que les leaders africains affirment l'entière responsabilité du continent dans les processus de réformes de leurs économies et d'émergence des institutions en déchargeant dans le même temps la communauté internationale en cas d'échec. Le NEPAD touche ainsi à la perspective de la « décharge » concernant la reproduction africaine des valeurs de l'économie libérale des IFI.

En suivant A. Appadurai, on peut parler d'une part de la production locale/régionale de la mondialisation. Mieux, on peut suivre la direction de Dominique Darbon qui affirme « que la mondialisation n'est pas aussi un facteur directif qu'on veut bien le dire. Elle s'accompagne toujours d'une réappropriation (….) où se conjuguent stratégies d'acteurs et effets des structures locales ». Les leaders africains font ainsi, selon la vision de Scharpf, d'une stratégie qui peut être interprétée comme la réactualisation africaine des jeux politiques nationaux (*politics*) et des « capacités à résoudre les problèmes » des gouvernements nationaux (*policies*) et à « structurer un champ politique » régional. C'est dire qu'il s'agit d'une formulation et d'un traitement proprement africains des politiques de développent (*policies*) à travers des rapports de concurrence politique (*politics*) au sein du nouvel espace politique régional (*polity*). D'autre part, le NEPAD, en tant que cadre d'institutionnalisation des économies africaines, s'inscrit dans le processus du binôme création/développement de nouveaux marchés qui est la condition de survie de la mondialisation libérale.

C'est dire, que de ces comportements et du succès des élites est apparue une idéologie de marché spécifique qui est à l'origine des débats en cours sur le NEPAD. D'un côté, on peut remarquer que les responsables de l'administration et, plus nettement encore du secteur privé, augmentent le dynamisme des ambitions de leurs entités autour du NEPAD parce qu'ils considèrent ce programme comme un cadre de rupture consommée avec l'idéologie économique de la planification autocentrée.

Cependant, d'un autre point de vue, résulte une critique sociopolitique des idées et des comportements des élites africaines qui ont initié le programme du NEPAD. Il semble qu'elles se sont détournées de l'idéologie des débuts de l'indépendance qui combinait nationalisme et solidarité au profit des défavorisés. Cette « trahison » va les conduire à adopter finalement une idéologie dont le jeu repose sur l'affirmation qui joue sur l'africanité au profit des intérêts d'une élite s'isolant des groupes les plus vulnérables. Le versant néolibéral dans l'exercice du pouvoir que privilégie Thabo Mbeki alors Président, accentue davantage une certaine dérive autoritaire du régime sud-africain qui certes conserve tous les dispositifs d'institutionnalisation représentatifs de la démocratie, mais qui a tendance à vouloir tout contrôler et être au centre de tout dans le continent africain.

À cette opposition politique s'est ajoutée une opposition économique. Cette critique est tout aussi indissociable d'une critique économique des effets de la libéralisation des économies naguère protégées et organisées, notamment avec la libéralisation du commerce extérieur et l'ouverture aux capitaux étrangers, qui aggravaient les inégalités. Il y a également une opposition aux échecs d'ajustements trop brutaux et critique des échecs des PAS dans d'autres continents.

Ces arguments permettent de conforter l'idée que les réformes de l'économie de marché s'attaquent à leurs intérêts d'États nouveaux.

Le NEPAD est favorable à la libéralisation économique, au respect des équilibres macroéconomiques internes et externes, à la discipline classique des finances publiques, à l'attraction des investissements étrangers, des dynamiques régionales ouvertes à la mondialisation et à toutes ses menaces ainsi qu'à la surveillance par les pairs, etc. Au moment où ce consensus perd sa légitimité scientifique et son poids international, grande est la surprise de l'élite intellectuelle africaine qui constate que ses dirigeants lui confèrent paradoxalement pour reprendre Jean Coussy, « un succès posthume » avec la substitution du panafricanisme libéral du NEPAD au panafricanisme étatique et planificateur de l'OUA.

Le continent africain a connu au cours des deux décennies passées, le consensus dit de Washington qui renvoyait à l'ensemble des politiques de réformes instituées par les bailleurs de fonds. Déjà, « dans les années 1980, existaient des critiques hétérodoxes des programmes d'ajustement structurel ainsi que des résistances partielles et circonstancielles. Aujourd'hui, la critique des PAS est à la fois devenue banale et scientifiquement légitime »[14] en raison de leur insuccès attesté par les évaluations *ex post* des IFI.

Imposés au continent africain au milieu des années 1980, les politiques ou plans d'ajustement structurel n'ont pas réussi à promouvoir le décollage des pays africains dont les économies étaient fragiles, provoquant ainsi une augmentation de la dette et de la pauvreté. Dans un cadre d'encouragement et de sélection des bénéficiaires, les bailleurs de fonds ont soumis l'octroi de l'aide internationale au respect des conditions politiques : la démocratie, l'État de droit et les droits de l'homme sont devenus les règles de base de leurs politiques de coopération[15]. Depuis lors, la notion de gouvernance prend davantage au sérieux celle des institutions que la science politique avait tendance à délaisser. Les notions de gouvernance et d'institutions sont indissociables, particulièrement dans le domaine du développement, où elles structurent les conceptions du cadre politique des sociétés et inspirent les projets de réformes de l'État[16]. La bonne gouvernance est un nouveau modèle de développement dont l'élaboration s'est faite lorsque les PAS sont apparues insuffisantes pour restaurer la croissance sur le continent africain. D'abord présentée d'un point de vue techniciste par la Banque mondiale, elle a trouvé une extension particulière dans la gouvernance démocratique[17]. Cette dernière insiste sur l'importance de la légitimité du gouvernement et de son ouverture sur la société civile, afin que les leaders politiques répondent mieux aux besoins et aux attentes des populations. La bonne gouvernance est donc issue de la synthèse de la gouvernance techniciste et de la gouvernance démocratique. Elle est synonyme d'une gestion saine pour le développement[18]. Elle n'est en fait qu'une méthode ou une technique de décision et non une valeur suprême de la légitimité. De ce fait, elle permet en réalité à la société qui l'adopte de délibérer sur des meilleures solutions qui organisent la vie de tous et pour que chaque citoyen puisse s'épanouir dans la liberté la plus grande[19].

---

[14] J. Coussy, États africains, programmes d'ajustement structurel et consensus de Washington, *L'Economie politique*, n° 32, octobre 2006, p. 29.

[15] Le discours de la Baule de François Mitterrand de juin 1990 sur la politique française.

[16] P. Quantin, *Op. cit.*

[17] A. Pouillade, *La bonne gouvernance, dernier né des modèles de développement*, disponible sur http://www. ideas.repec.org/p/mon/ceddtr/37.html.

[18] Lire à ce propos la Banque Mondiale, *Institutions et Gouvernance*, consultable sur http://www.worldbank.org.

[19] La liberté, est entendue ici, comme une valeur importante de toute condition humaine. Elle est imaginée comme une construction collective, qui appelle à l'amélioration du bien-être, tant à l'échelle de l'individu qu'à celle de la société.

Le « bon gouvernement » nécessite de rendre vivable toutes ces virtualités. Dans cette perspective, le suffrage universel interpelle sur les pratiques politiques de l'espace public, les questions et les situations complexes que traverse encore le continent africain dans ce contexte contemporain. Il est important de tenir compte des dynamiques internes et de faire un détour sommaire par l'histoire pour apporter une explication non normative à cette insuffisance du suffrage universel en Afrique[20] et qui est par ailleurs liée à la menace du développement continental.

L'intérêt porté à l'aspect institutionnel du développement en Afrique n'est apparu que récemment, avec la vague des démocratisations[21]. Une analyse de l'échec de la démocratisation peut donc être menée sommairement dans le cadre de ce travail à partir d'un certain nombre de variables explicatives de cette insuffisance et dont il serait impossible de dresser un répertoire.

Dans tous les cas, nous en retenons quelques-unes. Sur le plan politique, le suffrage universel, n'a pas permis au continent africain de saisir cette opportunité pour promouvoir des conditions optimales susceptibles d'accompagner les objectifs de développement. Essentiellement définies comme des réalités concrètes, ces virtualités sont désormais des éléments constitutifs du processus de développement[22] tel que l'envisage aujourd'hui de manière renouvelée le NEPAD. Dès lors que ce postulat n'a pas été réellement accepté par certains dirigeants africains, il était impossible d'envisager la promotion et la protection de ces valeurs indispensables à la satisfaction des besoins liés à la vie et à l'épanouissement de la condition humaine. À ce postulat s'ajoute celui du gouvernement qui pose la question du renouvellement des modalités de décision et interpelle les fondements de la rationalité des comportements des dirigeants.

En effet, en Afrique francophone, la prise de « décision politique » est le résultat du travail des dirigeants, et non de l'existence permanente d'un rapport de force momentané entre différents groupes structurés au sein de la société civile telle qu'en Afrique du Sud. C'est

---

[20] P. Quantin, « Congo : on achève bien les transitions », Centre d'Etude d'Afrique Noire / Institut d'Etudes Politiques de Bordeaux, Université Montesquieu - Bordeaux IV (France). Du même auteur, *Un objet politique déjà identifié : le vote*, in *Voter en Afrique : différenciations et comparaisons*, Colloque AFSP, CEAN, Bordeaux, 7-8 mars 2002 ; *Les élections en Afrique : entre rejet et institutionnalisation*, CEAN/IEP de Bordeaux.

[21] C. Toulabor, « *De la démocratisation au développement institutionnel* », *Op. cit*, p.1.

[22] A. Sen, *Un nouvel ordre économique*, éd. O. Jacob, Paris, 2000.

en partie l'absence de ces rapports de force dans l'action gouvernementale ou de direction qui rend impossible l'achèvement de la démocratisation et l'existence des institutions. Pire encore, en dépit de la rupture paradigmatique des années 1990, les pays africains francophones n'ont pas réussi à transformer les revendications populaires d'affirmation de bonne gouvernance en accomplissant un certain nombre de valeurs dont : la démocratie, les droits de l'homme et l'État de droit.

Par ailleurs, c'est une offensive contre les impunités et la corruption conçues comme des facteurs de désintégration sociale et de distorsion du système économique qui obèrent la légitimité des institutions politiques. Depuis plus de deux décennies, le néo-patrimonialisme et/ou la corruption sont devenus les fondamentaux de gouvernement des systèmes politiques africains. C'est dire, « qu'en l'absence d'États forts avec des normes d'autonomie bureaucratiques, la démocratie multipartite semble assurer des régimes corrompus et clientélistes dans lesquels les partis politiques pillent l'État et profitent du butin de la victoire ».

Ce mode de raisonnement permet de déduire que la mauvaise gouvernance, est pour l'essentiel à l'origine de l'insuffisance de démocratie dans certains pays africains. Ce d'autant plus qu'il y a des pays qui ne pouvaient plus espérer au tournant du millénaire voir leurs efforts de développement aboutir à long terme et ont fait le choix d'un nouveau mode de légitimité issu du « peer review mechanism ».

Les lignes qui vont suivre aborderont ce nouveau programme africain d'unification qui apparaît aujourd'hui comme une alternative intrinsèque à la souffrance de la démocratie et des institutions. Ainsi, la compréhension du NEPAD dans le contexte contemporain ne peut pas faire l'économie de l'analyse d'une dynamique de puissance entre élites et au sein de celles-ci. Depuis 2000 : la « renaissance africaine » et l'émergence d'une idéologie de tutelle géopolitique régionale

L'ancien dirigeant africain Thabo Mbeki a joué un rôle majeur dans la promotion du NEPAD sur la scène internationale. Le NEPAD voit le jour à un moment où le concept de « renaissance africaine » alimente les débats. Thabo Mbeki a commencé à l'évoquer en 1994 alors qu'il était encore vice-président. Et sans l'engagement de son pays, il n'est pas certain que ce projet qui a généré des débats contradictoires aurait pu aboutir.

La politique économique sud-africaine était le référentiel que devrait emprunter la politique du NEPAD. Ainsi, la « déclaration du sommet UE-Afrique » prononcée par Pretoria lors de cette grande joute diplomatique en avril 2000 indiquait clairement la volonté de mettre fin à la marginalisation du continent. Ces actions n'étaient pas sans lien avec l'idée de ce qu'il proposait de la « renaissance africaine » et qui demeurait le substrat de la politique étrangère sud-africaine post-apartheid, particulièrement depuis le départ de Nelson Mandela de la Présidence[23]. L'arrivée de Mbeki au pouvoir a impulsé une nouvelle dynamique à la politique étrangère sud-africaine, notamment à travers un positionnement marqué sur le continent africain. Le rôle de l'Afrique du Sud dans l'élaboration du NEPAD et la création de l'Union africaine en fait un acteur d'avant-garde de la promotion d'un nouvel ordre africain »[24]. À l'écart du reste du continent africain durant des décennies d'enfermement dans l'apartheid, l'Afrique du Sud était à la recherche d'une visibilité de son « africanité ». Il s'agit manifestement de la réactualisation par Thabo Mbeki d'un rêve récurrent sur la dignité africaine retrouvée, se situant ainsi dans la lignée des idéologies du panafricanisme et de la négritude, en luttant contre l'afro-pessimisme en faisant des Africains des acteurs de leur modernité. Il s'agit également de rompre avec les expériences marxisantes autarciques postcoloniales.

À travers son repositionnement continental, l'État sud-africain devient à l'avant-garde d'une dynamique nouvelle de démarginalisation de l'Afrique sur l'échiquier international. Le discours de la « renaissance africaine » à l'épreuve de la *Realpolitik* tend à masquer une entreprise impérialiste. En effet, si l'Afrique du Sud s'est tant investie dans ce programme pour s'occuper désormais du continent, il va s'en dire que cette nation est consciente de pouvoir se faire une position forte dans la région.. Déjà superpuissance économique et militaire du continent noir, ce pays cherche à se positionner dorénavant comme l'autorité morale de l'Afrique. C'est ce qui fait dire à Ivan Crouzel que « le discours de la renaissance africaine permet à l'Afrique d'être perçue comme productrice de son propre sens »[25].

C'est ainsi qu'au fil des ans, l'idée d'une renaissance africaine a pris de la consistance et a inspiré l'idéologie du NEPAD à l'instigation d'une Afrique du Sud qui a tenu à ce que toutes les mesures précises de la renaissance africaine soient inscrites dans le NEPAD. Le NEPAD, qui doit également parvenir à drainer des fonds publics et

---

[23] I. Taylor et P. Williams, « South African foreign policy and the Great Lakes Crisis: African renaissance meets vagabondage politique? », *African Affairs*, 100 (399), avril 2001.

[24] I. Crouzel, L'Afrique du Sud : moteur d'une nouvelle donne continentale ?, *Politique africaine*, n° 88, décembre 2002, p. 120.

[25] I. Crouzel, La renaissance africaine : discours sud-africain ?, *Politique africaine*, n°77, mars 2000.

privés de l'ordre de 64 milliards de dollars, entend jouer un rôle de plan Marshall pour l'Afrique. Et là, l'Afrique du Sud demeure naturellement l'interlocuteur de poids le plus légitime auprès des institutions financières internationales. Cette vision contemporaine d'un continent guidé et représenté par des leaders est emblématique d'un changement paradigmatique radical de la sociologie des relations internationales africaines, jusqu'alors très soucieuse du respect de la règle « un Etat, une voix » aussi bien dans le continent que sur la scène internationale.

Par ailleurs, la renaissance africaine a permis de réactualiser les valeurs de responsabilité et de solidarité des Etats africains. Ce projet emprunte beaucoup aux courants théoriques du « Consensus de Washington » dont le but consiste à réformer les économies en développement autour d'une saine gestion des finances publiques, d'une économie compétitive et de la promotion des droits de l'homme[26].

La « renaissance africaine » peut se lire comme un cadre où s'est défini clairement le jeu de l'influence. Ce projet conforte la réintroduction de la dimension de la puissance. Dans un contexte où, comme l'affirme Marie-Claude Smouts, « le discours de la coopération internationale a d'abord été celui de la puissance et du droit »[27], il convient donc de prendre en compte les dynamiques de puissance qui accompagnent le NEPAD. Ce faisant, l'Afrique s'intègre inévitablement dans le discours de la puissance en tant que cadre sociopolitique de son expression.

Convient-il d'indiquer, à cet effet, que tout changement social est historique, c'est-à-dire une mutation de la continuité, « une transformation profonde assurant une continuité par d'autres moyens ». Le NEPAD ne peut donc répondre qu'à un processus qui a été progressivement construit et mis en œuvre par des acteurs et forces sociopolitiques. Dans la perspective de l'analyse de la renaissance africaine comme un cadre de vision géopolitique du continent africain, ce projet se déclinait sous le mode d'une manifestation du sens et de la puissance des grandes nations africaines qui élaborent ou influencent le champ et le jeu politique régional au tournant du millénaire.

---

[26] J. Williamson, « What Washington Means by Policy Reform », in J. Williamson (dir.), *Latin America Adjustement. How Much Happened?*, *Op. cit*, pp. 7-38.

[27] M-C. Smouts, « La coopération internationale. De la coexistence à la gouvernance mondiale », in M-C. Smouts (dir.), *Les nouvelles relations internationales. Pratiques et théories*, Paris, FNSP, 1998, p. 137.

La mobilisation néolibérale, un enjeu face à la « glocalisation »

La « renaissance africaine » tire ses origines de la mondialisation libérale et renvoie de ce fait à l'expression d'un espace de sens dont les éléments majeurs reposent sur l'éthique et les intérêts des acteurs en présence d'un jeu dont la finalité a été la hiérarchisation et la polarisation du concert régional des nations. Aussi, n'a-t-elle été qu'un canal de promotion des transformations en cours en Afrique, et les dirigeants sud-africains ont fait le choix d'emprunter volontiers l'idéal de la trajectoire d'occidentalisation du monde[28].

En effet, la mondialisation a bel et bien un ou des centres tout comme la régionalisation actuelle de l'Afrique ; c'est-à-dire des lieux d'impulsion et une ou des périphéries qui sont des espaces de réception. La « renaissance africaine » dans ses principes d'ordonnancement et le NEPAD dans sa dynamique concrète s'inspirent de ce schéma.

Les centres ou les lieux d'impulsion et de décision sont les pays promoteurs en tête desquels l'Afrique du Sud et le reste des pays du continent apparaissent comme des périphéries ou des espaces de réception plus ou moins passifs. C'est ce schéma que la renaissance africaine a dicté à l'initiative du NEPAD que les principaux acteurs ont mis progressivement en ordre sans associer véritablement tous les autres pays qui, pour l'essentiel, ne parviennent pas encore à remplir les conditions politiques et institutionnelles d'accès à la stabilité sociopolitique. Pour légitimer dans tout le monde le binôme capitalisme/libéralisme, il faut nécessairement que son processus s'inscrive dans la diversité des cultures dont regorge l'humanité, par son incorporation dans les problématiques politiques légitimes qui sont spécifiques aux différentes composantes sociales de la planète[29].

Ce que Thabo Mbeki a compris avec son idéal de la « renaissance africaine », c'est chercher à regrouper autour de l'Afrique du Sud une coalition de pays réformateurs et à accepter l'adhésion des autres Etats africains même les plus corrompus. C'est dans cette perspective que prend véritablement sens le nouveau phénomène de la « glocalisation »[30]. Elle renvoie à la fois à la capacité des « temps

---

[28] O. Dollfus, « Mondialisme et particularisme », in Gemdev, *L'intégration régionale dans le monde. Innovations et ruptures*, Paris, Karthala, 1994.

[29] A. Appadurai, *Après le colonialisme. Les conséquences culturelles de la globalisation*, Paris, Payot, 2001.

[30] A. Appadurai, « Disjonction and Difference in the Global Economy », in B. Robbins (dir.), *The Phantom Public Sphere*, Minneapolis, University of Minnesota Press, 1993, pp.269-295.

locaux » à éroder et à phagocyter le temps mondial néolibéral et à l'aptitude de celui-ci à pouvoir s'infiltrer et s'incorporer dans les patrimoines culturels locaux.

L'intérêt de l'Occident pour l'Orient consiste à faire émerger une civilisation dans cette partie du monde. Et il semble que c'est cette civilisation des mœurs évoquées par Norbert Elias, que l'Occident tente de faire naître en Afrique. Le contexte de la mondialisation nécessite une Afrique civilisée[31]. Jean Christophe Ruffin suggère, en guise de prévention, de réinventer le Sud au travers du moule politico-idéologique occidental.

La renaissance africaine emprunte beaucoup une dynamique de replacement du continent, à cette réserve près, que celle-ci se fait dans une situation d'infériorité idéologique et matérielle. Au prisme du NEPAD, la « renaissance africaine » a été le lieu de la diffusion du « principe de vision » du monde des donateurs occidentaux. D'où la possibilité de décrypter les symptômes des succès de la greffe libérale lorsqu'on regarde de près ce programme panafricain. C'est d'ailleurs pourquoi le *Financial Times,* en s'interrogeant sur l'originalité du NEPAD, notait avec un humour jubilatoire que sa seule innovation était la signature par des Africains.

C'est dire véritablement que cette appropriation est ostentatoire. Elle sert les intérêts personnels des élites au pouvoir en légitimant leur rente charismatique. Elle est d'abord une simulation pour se concilier les bailleurs de fonds. La finalité stratégique semble être finalement celle de l'arrimage de l'Afrique au monde occidental. C'est d'ailleurs ce qu'affirmait l'avocat de l'Afrique : Jacques Chirac, qui lie aide au développement à l'industrialisation et à la démocratie. Et l'aide publique au développement devient une ressource politique majeure pour l'affirmation des Africains sur la scène internationale. De plus, l'idéologie de la renaissance africaine semble tout aussi indissociable d'un effort de reproduction de la mondialisation dans les sociétés non libérales et désorganisées africaines. Les pays développés et démocratiques, font désormais du NEPAD le moyen le plus efficace du développement économico-politique des pays africains.

À ce propos, le NEPAD apparaît comme une politique publique internationale de puissance qui renvoie à une prise en compte des valeurs occidentales pour l'accélération du développement et la maîtrise des catégories universelles d'institutionnalisation de la

---

[31] Les pays en développement représentent encore une partie de l'humanité où subsiste encore la « barbarie », il est donc utile pour être à l'abri des « turbulences de l'histoire » d'accéder à la civilisation universelle afin de lui permettre de s'insérer dans la détermination de l'agenda universel légitime.

modernisation économique et politique dans le contexte contemporain des Etats en développement. L'alignement des Occidentaux derrière la dynamique du NEPAD est emblématique des grandes transformations en cours qui affectent les relations internationales en ce siècle. Dorénavant, les politiques africaines et les organismes internationaux, en l'occurrence le FMI, la BM, l'OCDE et les pays de la triade s'organisent autour de l'idéologie du NEPAD.

La « renaissance africaine » confirme également une hégémonie qui renvoie à une réappropriation relativement peu critique et largement empruntée de la tradition occidentale du monde démocratique et libéral. Ce faisant, la renaissance africaine emprunte beaucoup à ce qui peut ressembler à « l'arrimage institutionnel ou gouvernemental » qui peut correspondre à ce que Luc Sindjoun note comme la loyauté démocratique dans les relations internationales, c'est-à-dire « la conformité à la démocratie comme norme d'organisation et de fonctionnement de la vie politique des États[32] ».

Le NEPAD devient aujourd'hui la référence obligée des discours africains sur la scène internationale et partant, les principaux acteurs en tirent des gains symboliques liés à la confortation de leur rayonnement à l'extérieur et donc de leur rente charismatique. Il y a ici comme un alignement de sens parce que la Déclaration confirme le cadre politique articulé sur l'Etat de droit, le respect des droits de l'homme, la bonne gouvernance, etc.

C'est dire que le paradigme géopolitique d'unification à travers le partenariat transforme profondément les relations internationales en Afrique aussi bien dans leurs principes d'ordonnancement que dans leurs dynamiques concrètes[33]. Le discours idéologique et politique du NEPAD masquerait en toile de fond le principe tout aussi éminemment politique de la responsabilité du continent africain face à lui-même et face au reste de la planète. : « (...) le développement est un processus de responsabilisation et d'autosuffisance (...). Nous déterminerons notre propre destinée et nous ferons appel au reste du monde pour compléter nos efforts »[34].

---

[32] L. Sindjoun, « La loyauté démocratique dans les relations internationales. Sociologie des normes de la civilité internationale », *Etudes internationales*, vol. XXXII, n° 1, mars 2001, pp. 31-50.

[33] H. Helber, The New African Limitative and the African Union. A Preliminary Assessment and Documentation, *Current African Issues*, Nordiska Africainstitutet, n° 25, 2001; E. Isong et M.R. Sinclair (dir.), *The African Renaissance. Opportunities and Implications for US and the World*, Conference Report, Washington DC, avril 1996.

[34] Une Nouvelle initiative africaine, *NEPAD*, Midrand, Afrique du Sud, 2001, pp. 2 et 7.

Conclusion

Le NEPAD est une initiative holistique et intégrée du développement qui doit permettre le rétablissement économique et social de l'Afrique et nécessite un partenariat avec les sociétés industrialisées. L'accent est mis sur la meilleure gestion de la dépense publique.

En outre, le NEPAD constitue certes un programme d'inspiration africaine mais sa stratégie a une dimension supra-continentale grâce à la place que cette initiative accorde aux relations internationales avec les autres parties du monde. Ces nouveaux rapports sont fondés sur une coopération qui repose sur le principe de responsabilité mutuelle (*accountability*) à l'égard des objectifs du développement durable. *L'accountability* repose sur deux faits majeurs[35]. Le NEPAD offre donc une occasion historique aux pays industrialisés d'envisager un partenariat véritable avec l'Afrique, partenariat basé sur les intérêts et les profits mutuels. Il s'agit d'un état d'esprit nouveau par rapport aux initiatives antérieures, en cela que le programme affirme la volonté politique de l'Afrique de se réapproprier le règlement de ses problèmes et son aspiration à ne plus être marginalisée.

Aujourd'hui, une convergence de circonstances favorables au sein du continent et au niveau international offre l'occasion idéale de revisiter les programmes existants, à l'exemple de l'intégration économique, dans le contexte d'une nouvelle initiative développée par les Africains pour l'Afrique. Face au défi d'éradication de la pauvreté et du sous-développement dans leurs pays respectifs et dans le continent, et face à l'importance des questions africaines dans les forums mondiaux, les Présidents ont demandé à l'OUA de leur permettre de préparer un programme de développement

[35] D'une part, les principaux initiateurs du programme reconnaissent l'absence de leadership des Africains face aux enjeux du développement, à cet effet, ils invitent les pays industrialisés à reconnaître leur responsabilité qui découle de leur participation historique dans l'appauvrissement du continent africain. Les chefs d'Etat initiateurs du NEPAD insistent sur l'héritage de la période coloniale qui a été à l'origine de l'exploitation abusive des ressources du continent sans pour autant faciliter son développement. D'autre part, il ne fait aucun doute que le colonialisme s'est traduit après les indépendances par un manque de professionnels outillés. Tout aussi indissociables sont les PAS et leurs conditionnalités au cours des années 1980 qui constituent une donnée non négligeable dans l'explication de la marginalisation du continent africain au plan économique. Nul ne doute aussi que l'obligation de solidarité avec la communauté internationale est due aux ressources dont regorge l'Afrique et qui servent l'humanité entière.

compréhensible qui servirait de fondement à la régénération du continent et à la création d'un nouveau partenariat avec le monde entier et plus spécifiquement avec les pays industrialisés et les organisations multilatérales. Ce programme africain ambitieux de réponse aux demandes internationales s'est transformé en un véritable « club fermé » des chefs d'Etat, traduisant ainsi une forme oligarchique d'exercice du pouvoir aux finalités diverses.

Références bibliographiques

ADESINA, (J-O), Development and the Challenge of Poverty : NEPAD, post-Washington Consensus and beyond, *Paper prensented at the Conference on Africa and the Development Challenges of the New Millenium*, La Palm Royal Beach Hotel, Accra, Ghana, 23-26 avril 2002.

APPADURAI, (A), *Après le colonialisme. Les conséquences culturelles de la globalisation*, Paris, Payot, 2001.

APPADURAI, (A), « Disjonction and Difference in the Global Economy », in B. Robbins (dir.), *The Phantom Public Sphere*, Minneapolis, University of Minnesota Press, 1993, pp.269-295.

BADIE, (B) « La démocratisation en Afrique subsaharienne », *Revue internationale de Politique comparée*, vol. 1, 1994, n° 3, p. 493.

BADIE, (B) et Smouts, (M-C), *Le retournement du monde. Sociologie de la scène internationale*, Paris, FNSP et Dalloz, 1995.

BAYARTt, (J-F), « L'historicité de l'État importé », *Les Cahiers du CERI*, n° 15, 1996.

COUSSY, (J), États africains, programmes d'ajustement et consensus de Washington, in FMI et Banque mondiale, peuvent-ils imposer le libéralisme ? *L'Économie politique,* n° 32, 2006.

CROUZEL, (I), L'Afrique du Sud : moteur d'une nouvelle donne continentale ?, *Politique africaine*, n° 88, décembre 2002, p. 120.

CROUZSEL, (I), La renaissance africaine : discours sud-africain ?, *Politique africaine*, n° 77, mars 2000.
DOLLFUS, (O), « Mondialisme et particularisme », in Gemdev, *L'intégration régionale dans le monde. Innovations et ruptures*, Paris, Karthala, 1994.
HELBER, (H), The New African Limitative and the African Union. A Preliminary Assessment and Documentation, *Current African Issues*, Nordiska Africainstitutet, n° 25, 2001.
ISONG, (E) et Sinclair (M-R), *The African Renaissance. Opportunities and Implications for US and the World*, Conference Report, Washington DC, avril 1996.
OHIORHENAUN, (J), The management of African Development: some questions about NEPAD, *Public lecture delivered at the rhodes East London "Public Policy Dialogue Series"*, East London, South Africa, 18 avril 2002.
POUILLADE, (A), *La bonne gouvernance, dernier né des modèles de développement*, disponible sur http://www. ideas.repec.org/p/mon/ceddtr/37.html.
QUANTIN, (P), *Un objet politique déjà identifié : le vote*, in *Voter en Afrique : différenciations et comparaisons,* Colloque AFSP, CEAN, Bordeaux, 7-8 mars 2002 ; *Les élections en Afrique : entre rejet et institutionnalisation*, CEAN/IEP de Bordeaux.
ROPIVIA, (M-L), *L'Afrique et le Gabon au XXIème siècle. Révolution développementaliste ou développement du sous-développement*, Paris, éd. Mare et Martin, 2007.
SEN, (A), *Un nouvel ordre économique*, éd. O. Jacob, Paris, 2000.
SINDJOUN, (L), *Sociologie des relations internationales africaines*, Paris, Karthala, 2002, p. 19.

SINDJOUN, (L), « La loyauté démocratique dans les relations internationales. Sociologie des normes de la civilité internationale », *Etudes internationales*, vol. XXXII, n° 1, mars 2001, pp. 31-50.

TAYLOR, (I), The New Partnership of African Development and the Global Political Economy: towards the African Century or Another False Start?, *Paper presented at the Conference on Africa and the Development Challenges of the New Millenium*, La Palm Royal Beach Hotel, Accra, Ghana, 23-26 avril 2002.

TAYLOR, (I) et Williams, (P), « South African foreign policy and the Great Lakes Crisis: African renaissance meets vagabondage politique? », *African Affairs*, 100 (399), avril 2001.

WILLIAMSON, (J), « What Washington Means by Policy Reform », in J. Williamson (dir.), *Latin America Adjustement. How Much Happened?*, Op. cit, pp. 7-38.

La compétitivité de l'environnement des affaires au Cameroun : quelques obstacles observés à la lumière de l'interprétation du Rapport *Doing Business* 2007 de la Banque Mondiale

PISSANG KELLER Fernand*

Dans une étude publiée en 2006 (World Bank, 2006, 9-67)[1], la Banque Mondiale constate que le climat des affaires dans la sous-région d'Afrique Centrale, est le plus mauvais du monde. En effet, d'après cette étude, les experts de cette institution observent que sur 155 Etats échantillonnés dans le monde, les pays de la zone occupent les dernières positions du classement.

Au cours de la phase préparatoire du séminaire-atelier organisé par le gouvernement camerounais sous la supervision de son Comité Interministériel Elargi au Secteur Privé (CIESP) en 2006 (EUROPEAID, 2007)[2], il était question du développement du secteur privé et de l'amélioration de l'environnement des affaires du pays. Le Comité Interministériel menait une série de concertations avec les partenaires des secteurs public et privé, avec pour objectif d'assurer une organisation optimale de cet événement. Ces concertations consistaient en des réunions techniques multisectorielles regroupant des représentants des organisations du secteur privé, des administrations et organismes publics dont les activités impulsaient l'environnement des affaires et particulièrement le développement et la compétitivité du secteur privé. Elles étaient essentiellement basées sur l'analyse du discours des conclusions sur le climat des investissements au Cameroun à la lumière du Rapport *Doing Business* 2006.

Le but du séminaire-atelier était d'identifier les obstacles et les contraintes qui entravaient le développement de l'investissement privé au Cameroun. Dans la mesure où le gouvernement entendait faire

---

*Docteur en science politique et chercheur/Consultant à l'Institut d'Études et de Sécurité (Afrique du Sud).

[1] World Bank, (2006), *Doing Business in 2006. Creating Jobs*, Washington DC, A copublication of World Bank and International Finance Corporation, 196p, pp.9-67

[2] Le Comité Interministériel Elargi au Secteur Privé (CIESP) fut crée à Yaoundé (Cameroun) à la suite d'un séminaire tenu par le gouvernement et les différents acteurs des secteurs public et privé du 02 au 03 novembre 2006. Le Premier Ministre, chef du gouvernement coordonna les travaux. Le thème fut *«Comment relancer la croissance économique après le point d'achèvement pour faire sortir le Cameroun du sous-développement?»*. (Source : EUROPEAID, (2007), «Amélioration du climat des affaires pour une meilleure compétitivité au Cameroun», 119869/C/SV/multi-request, Lot n°11 : Study, Specific Terms of Reference, 28.novembre, article en ligne (www.acpbuisinessclimate.org)

jouer au secteur privé un rôle moteur dans le processus d'accélération de la croissance et de stimulation de l'emploi. L'enjeu majeur était de trouver des solutions à la faible attractivité du Cameroun à l'investissement privé, notamment étranger.

C'est dans ce contexte marqué par le souci du gouvernement de faire passer l'économie nationale à un niveau supérieur de performance par la prise de conscience croissante du facteur investissement privé comme source d'impulsion de la croissance économique que le séminaire-atelier organisé en 2006 avait pour objectif global de contribuer à l'amélioration du climat des affaires et au développement du secteur privé. À la lumière du Rapport *Doing Business* 2007, peut-on dire que le Cameroun avait significativement amélioré sa position par rapport à celui de 2006 ? Quels étaient les freins majeurs qui entravaient la compétitivité de son secteur privé ? Bien qu'il s'agisse d'une étude de cas, cet article vise une double démarche. Dans un premier temps, il s'agit de présenter dans plusieurs tableaux descriptifs l'état des lieux du climat des affaires du pays en comparant ces indicateurs contenus dans le Rapport 2007 à ceux du Gabon et du Congo-Brazzaville, deux autres poids lourds de la sous-région. Dans un second volet, je mettrai en lumière les obstacles à l'origine de la faible attractivité de l'investissement privé au Cameroun.

État des lieux du climat des affaires au Cameroun

Une analyse du Rapport *Doing Business* 2007 de la Banque Mondiale permet de rendre compte que même avec la création d'un CIESP en 2006, le secteur privé au Cameroun est apparu confronté à de nombreuses difficultés. Les indicateurs définis dans ce Rapport permettent d'apprécier l'impact que ces réglementations et leur mise en œuvre ont sur l'attractivité des entreprises camerounaises. Le Rapport analyse prioritairement les réglementations commerciales et n'accorde aucune importance particulière au cadre macroéconomique, à la sécurisation de la propriété, à la qualité des infrastructures, à la gouvernance, etc. des pays concernés.

En passant en revue neuf indicateurs retenus du *Rapport Doing Business* 2007 effectués par les experts de la Banque Mondiale pour analyser et évaluer la performance du secteur privé du pays, il constate clairement que beaucoup reste à faire pour attirer les investisseurs étrangers pour lesquels ce Rapport constitue une référence pour les affaires dans la plupart des pays. Le classement élaboré dans les rapports *Doing Business* en général présente au moins trois avantages. D'abord, il est facile à comprendre pour les décideurs politiques et les experts en développement, d'où une propension plus grande à engager des réformes. Ensuite, il permet de voir les caractéristiques nationales, sous-régionales et même régionales. Par exemple, on constate que le Cameroun fait partie des 30 pays les moins bien classés en 2007. Il permet enfin de mesurer les efforts que ce pays fournit en matière de réformes économiques d'une période à une autre. (Commission Économique des Nations Unies pour l'Afrique (CEA), 2006, 151)[3].

Création d'entreprise

Pour ce qui est de ce critère, l'indicateur du Rapport 2007 prend en compte : les conditions de création d'une entreprise, le nombre d'étapes à franchir, les délais nécessaires en termes de jours, le coût en pourcentage du revenu par habitant. Il prend aussi en compte le capital minimum requis en pourcentage du revenu par habitant pour pouvoir permettre à une société à responsabilité limitée (SARL) de commencer légalement son activité.

Le Tableau ci-dessous montre que les critères de création d'une entreprise sont à la fois complexes et lourds de conséquences pour un investisseur qui souhaite s'installer au Cameroun, au Congo-Brazzaville ou au Gabon. Le nombre de procédures et les coûts sont à peu près les mêmes d'un pays à l'autre. Les délais sont moins longs au Cameroun que chez ses voisins. En revanche, les coûts et le capital humain qui pèsent ont une incidence négative sur le pourcentage du revenu par habitant dans les trois pays, même si le Gabon s'en tire avec le plus faible taux en capital humain. (World Bank, 2007, 103-112)[4].

---

[3] Commission Économique des Nations Unies pour l'Afrique (CEA), *Les économies de l'Afrique Centrale 2006*, (2006), Paris, Ed Maisonneuve & Larose, novembre, 251p, p.160

[4] Les différents tableaux sont conçus à partir des données de la Banque Mondiale 2007. (Source : World Bank, ''Doing Business indicators Country tables'' in *How to reform: comparing regulating in 175 economies,* Washington DC, Copublication of World bank and International Finance Corporation, September 5, 2006, 185p, pp.103-112).

Données	Cameroun	Congo-Brazzaville	Gabon
Procédures (nombre)	12	8	10
Délai (jours)	37	71	60
Coût (% du revenu par habitant)	152,2	214,8	162,8
Capital minimum (% du revenu par habitant)	187,3	192,4	36,1

(Source : Calculs de l'auteur à partir des données de la Banque Mondiale 2007)

Octroi de licences

Quant au second critère du Rapport à savoir l'octroi de licences ou la gestion des permis administratifs, l'indicateur porte sur le nombre de procédures, la durée et les coûts nécessaires pour la construction d'un entrepôt. Il inclue l'obtention des licences et permis nécessaires, l'accomplissement des notifications et inspections requises, et l'obtention des raccordements (eau, électricité, téléphone, etc.).

Données	Cameroun	Congo-Brazzaville	Gabon
Procédures (nombre)	15	15	13
Délai (jours)	444	175	268
Coût (% revenu par habitant)	1165,6	1243,0	45,3

(Source : Calculs de l'auteur à partir des données de la Banque Mondiale 2007)

Il apparait dans le Tableau, qu'il faut pratiquement 444 jours à un entrepreneur au Cameroun contre175 en moyenne au Congo-Brazzaville et 268 au Gabon, pour obtenir un permis administratif. Par contre, le nombre de procédures observées par l'investisseur est plus ou moins dans les trois pays à une différence de deux jours près au Gabon. Enfin, c'est au niveau du coût en pourcentage du revenu par habitant que les écarts sont assez importants entre ces États. Le coût en pourcentage du revenu par habitant est de 45,3% en moyenne au Gabon, contre 1165,6% au Cameroun et 1243,0% au Congo-Brazzaville. Ce qui paraît démotivant pour l'investisseur étranger.

Paiement des taxes et impôts

Le troisième critère concerne notamment les impôts et taxes qu'une entreprise de taille moyenne doit payer ou retenir annuellement, ainsi que les démarches administratives exigées pour effectuer les paiements. Son indicateur comprend le nombre de paiements, la durée (nombre d'heures passées par les responsables d'entreprises pour effectuer les paiements) et le taux d'imposition (en pourcentage des bénéfices).

On constate qu'un investisseur perd en moyenne 1300 heures par an pour le paiement des taxes et impôts au Cameroun, contre 272 au Gabon et 576 au Congo-Brazzaville. Si le nombre de procédures est relativement bas au Cameroun et au Gabon, il demeure en revanche élevé au Congo-Brazzaville.

Données	**Cameroun**	**Congo-Brazzaville**	**Gabon**
Procédures (nombre)	39	94	27
Temps (heures par année)	1300	576	272
Total à payer (% du bénéfice brut)	46,2	57,3	48,3

(Source : Calculs de l'auteur à partir des données de la Banque Mondiale 2007)

Le montant à débourser (en pourcentage du bénéfice brut) par l'investisseur est pratiquement le même dans les trois pays, alors que le temps nécessaire effectué pour payer ses taxes et impôts est plus élevé au Cameroun qu'ailleurs. C'est dans ce sens que les pouvoirs publics camerounais, dans l'optique d'alléger le service fiscal afin de rendre l'investissement plus attractif, optèrent pour l'opérationnalité des centres des impôts destinés aux petites et moyennes entreprises depuis décembre 2006. Ils entreprirent aussi la finalisation des travaux d'implantation du logiciel « MESURE » censé garantir un meilleur suivi de l'impôt sur le revenu des personnes physiques (IRPP) et à une facilitation du paiement des taxes par les petites et moyennes entreprises (Cantens, 2007, 289-307)[5].

---

[5] CANTENS, Thomas, (2007), "La Réforme de la douane camerounaise à l'aide d'un logiciel des Nations Unies ou l'appropriation d'un outil des finances publiques", Paris, in *Afrique Contemporaine*, Ed de Boeck Universités, n°223-224, volumes 3-4, pp.289-307.

Commerce transfrontalier

L'autre critère de l'indicateur du Rapport *Doing Business* 2007, analyse l'accession au commerce international. Il s'agit ici d'apprécier et d'inventorier les coûts et les procédures nécessaires pour l'import et l'export d'un chargement standard (container). Les «sous-indicateurs» sont : le nombre de documents requis pour effectuer les opérations à l'export et à l'import, le nombre de jours (durée) pour exporter ou importer un changement standard et le coût à l'import en dollar US d'un container. Cet indicateur a trait aux coûts et délais de passage portuaire des marchandises conteneurisées.

Données	**Cameroun**	**Congo-Brazzaville**	**Gabon**
Documents à l'export (nombre)	10	12	4
Délai à l'export (jours)	38	50	19
Coût à l'export (en US$ par container)	524	1732	4000
Documents à l'import (nombre)	14	15	10
Délai à l'import (jours)	51	62	26
Coût à l'import (en US$ par container)	1360	2201	4031

(Source : Calculs de l'auteur à partir des données de la Banque Mondiale 2007)

Dans le Tableau ci-dessus, il faut compter en moyenne quatre documents, contre dix et douze au Cameroun et au Congo-Brazzaville pour expédier un container de marchandises. En termes de délai à l'exportation le nombre de jours, il en faut plus du double au Cameroun et presque le triple au Congo-Brazzaville par rapport au Gabon. Alors que dix documents suffisent amplement pour importer sa marchandise au Gabon, il en faut entre quatorze et quinze dans les deux autres pays. En revanche, le Gabon se distingue négativement par rapport à ses voisins avec des coûts élevés (en dollars US) par container de marchandises aussi bien à l'import qu'à l'export. Soucieux d'attirer les investisseurs étrangers, et surtout, d'alléger les délais d'attente et le nombre de procédures pour importer, exporter et/ou dédouaner un container de marchandises, le gouvernement camerounais adoptait en janvier 2007 une mesure visant à moderniser son système douanier. Elle consistait à intégrer un nouveau logiciel dénommé “Sydonia” (Système de Douane Automatisé) en vue de réduire sensiblement les délais de dédouanement et de traitement des déclarations. (Banque Mondiale, 2007, 17)[6].

Fermeture d'entreprise

Dans le critère de la déclaration de la faillite d'une entreprise, il s'agit de mesurer la durée et les coûts des procédures collectives et ressortir les différents goulots d'étranglement qui pourraient exister. La durée de la procédure (en nombre d'années), le coût (en pourcentage de la propriété) et le taux de recouvrement des créances constituent les principaux éléments qui forment cet indicateur. Le taux de recouvrement indique le nombre de « cents » par dollars que les ex-employeurs perçoivent de l'entreprise en faillite.

Les données récoltées dans le Tableau ci-dessous montrent que le taux de recouvrement est plus élevé au Cameroun (24,1 %) qu'au Gabon (13,9 %). Par contre, le temps d'attente pour obtenir la faillite de son entreprise (trois ans) est relativement plus bas au Congo-Brazzaville et un peu plus élevé au Gabon (cinq ans).

Données	**Cameroun**	**Congo-Brazzaville**	**Gabon**
Délai (Années)	3,2	3,0	5,0
Coût (% de la valeur du patrimoine)	15	24	15
Taux de recouvrement (cents par dollar)	24,1	19,4	13,9

(Source : Calculs de l'auteur à partir des données de la Banque Mondiale 2007)

En revanche, la valeur des coûts du patrimoine (en pourcentage) est assez significative au Congo-Brazzaville (24%) par rapport au Cameroun et au Gabon où il se situe respectivement à 15%.

Transfert de propriété

Le critère d'enregistrement de la propriété, tel qu'il apparaît dans le Rapport *Doing Business* 2007, permet de mesurer la facilité qu'ont les entreprises à enregistrer leurs titres de propriété. Il est défini à travers le nombre de procédures, la durée et le coût en pourcentage de

6 Banque Mondiale, (2007), *Cameroun: Examen du portefeuille de la Banque Mondiale*, Rapport final, juin, 82p, p.17.

la valeur de la propriété.

Données	Cameroun	Congo-Brazzaville	Gabon
Procédure (nombre)	5	7	9
Délai (jours)	93	137	183
Coût (% de la valeur de la propriété	18,7	27,2	6,8

(Source : Calculs de l'auteur à partir des données de la Banque Mondiale 2007)

Au Cameroun, la durée moyenne pour l'enregistrement d'une propriété est de quatre vingt treize jours pour un coût moyen de 18,7%. Ces chiffres correspondent à cent trente sept jours et 27,2% au Congo-Brazzaville contre cent quatre vingt trois jours et 6,8% le coût moyen au Gabon. Par contre, le nombre de procédures qu'il faut franchir pour enregistrer une propriété est moins élevé au Cameroun (cinq) par rapport au Congo-Brazzaville (sept) et presque le double au Gabon (neuf).

Protection des investisseurs

Le critère *"protecting investors"* observé dans le Rapport 2007 de la Banque Mondiale, propose les indices qui permettent d'apprécier la protection des investisseurs. Il s'agit de l'indice de la divulgation des transactions commerciales, de l'indice de responsabilité du directeur de l'entreprise, et de l'indice du pouvoir des actionnaires (pouvoir dont disposent les actionnaires pour engager des poursuites judiciaires contre les dirigeants et administrateurs de société). Ces indices varient de 0 à 10. Le chiffre 10 représente une meilleure divulgation des transactions, une plus grande responsabilité des directeurs et plus de pouvoir pour les actionnaires.

Données	Cameroun	Congo-Brazzaville	Gabon
Indice de divulgation de l'information (0-10)	8	4	5
Indice de responsabilité des dirigeants (0-10)	2	5	4
Facilité de poursuites par les actionnaires (0-10)	6	6	5
Indice de protection des investisseurs (0-10)	5,3	5,0	4,7

(Source : Calculs de l'auteur à partir des données de la Banque Mondiale 2007)

En interprétant le Tableau ci-dessus, on constate que le Cameroun (8) dispose d'un meilleur indice de divulgation par rapport à ses voisins gabonais (4) et congolais (5). En revanche, son indice de responsabilité des dirigeants est très faible (2) que celui du Congo-Brazzaville (5) et du Gabon (4), cela à cause très certainement de la forte corruption qui gangrène le pays. De même, l'indice de la facilité des poursuites par les actionnaires au Cameroun (6) demeure proportionnellement égal à celui des pays des deux autres pays de la sous-région. Le même écart marginal est observé avec l'indice de protection des investisseurs.

Exécution des contrats

L'indice *"enforcing contracts"* utilisé par la Banque Mondiale dans le Rapport *Doing Business* 2007, désigne un autre indicateur évaluant la complexité de l'exécution des contrats en suivant l'évolution d'un litige. Cet indice porte notoirement sur la durée, le coût et le nombre d'étapes nécessaires entre le dépôt et la plainte, et le règlement du créancier.

Données	**Cameroun**	**Congo-Brazzaville**	**Gabon**
Nombre de procédures	58	47	32
Délai (jours)	800	560	880
Coût (% de la créance)	36,4	45,6	9.8

(Source : Calculs de l'auteur à partir des données de la Banque Mondiale 2007)

En partant de l'analyse des chiffres ci-dessus, on s'aperçoit que la procédure d'exécution d'un contrat au Cameroun avec cinquante-huit étapes à franchir par le Congo-Brazzaville (quarante-sept) est pratiquement le double du Gabon (trente-deux). Le nombre de jours indiqués pour l'exécution d'un contrat l'est tout aussi. Ce qui est susceptible de décourager l'investisseur étranger qui souhaite s'établir au Cameroun dans les plus brefs délais. Il faut en moyenne un délai d'attente de huit cent jours au Cameroun, huit cent quatre vingt jours au Gabon contre cinq cent soixante jours au Congo-Brazzaville pour voir son contrat exécuté par l'administration. Ce qui paraît trop long et rend la procédure lourde et coûteuse.

Obtention de prêts

L'indice de divulgation de l'information, la couverture des registres public et privé, et l'étendue de l'information sur le crédit sont les principaux déterminants de l'accès au crédit comme le stipule la Banque Mondiale dans le Rapport *Doing Business* 2007. L'indice des droits légaux varie de 0 à 10. Le chiffre 10 indique que les lois sont mieux conçues par l'Etat pour un accès rapide et simplifié au crédit. Quant à l'indice sur la divulgation de l'information sur le crédit, il mesure la portée, l'accès et la qualité de ces indicateurs au niveau des registres publics ou des bureaux privés. Il varie de 0 à 6, avec la note 6 indiquant l'accès intégral à l'information sur le crédit.

Données	**Cameroun**	**Congo-Brazzaville**	**Gabon**
Indice de fiabilité des garanties (0-10)	3	3	5
Étendue de l'information sur le crédit (0-6)	2	2	4
Couverture du registre public (% des adultes)	3,4	1,4	12,3
Couverture du registre privé (% des adultes)	0,0	0,0	0,0

(Source : Calculs de l'auteur à partir des données de la Banque Mondiale 2007)

Une lecture des données ci-dessus rend compte des difficultés de l'accès au crédit aux investisseurs nationaux et étrangers dans les trois pays. L'indice des droits légaux ou de la fiabilité des garanties est faible partout. Il est de 3/10 pour le Cameroun ; 3/10 au Congo-Brazzaville et 5/10 au Gabon. Par contre, l'indice de divulgation de l'information sur le crédit demeure assez préoccupant au Cameroun et au Congo-Brazzaville avec une note commune de 2/6. En revanche, il est assez bon au Gabon (4/6). La couverture du registre public connait des difficultés, mais avec une légère amélioration au Gabon (12,3%) par rapport à ses voisins camerounais (3,4%) et congolais (1,4%).

Les piètres performances économiques accumulées par le Cameroun au cours de ces dernières décennies exigent une restructuration complète de son système bancaire qui fait face aujourd'hui à de nombreuses contraintes en matière d'offre de services financiers en particulier dans les zones rurales qui abritent de plus en plus une forte majorité de la population.

Le constat que l'on peut faire à la lumière des différents tableaux présentés, montre qu'il est urgent pour le Cameroun d'entamer des réformes en profondeur dans tous les secteurs-clés de l'économie en vue de se conformer aux standards internationaux de manière à rendre le pays plus attractif aux investissements directs étrangers. La simplification des procédures en matière de création d'entreprises, l'enregistrement de la propriété, la réduction des coûts et délais de passage portuaire des marchandises containerisées, des délais de paiement des taxes, de l'exécution des contrats, de l'obtention des raccordements en eau, électricité et téléphone, du traitement judiciaire des affaires sont quelques uns des chantiers sur lesquels un important accent doit être mis par les pouvoirs publics pour améliorer l'environnement des affaires au Cameroun.(République du Cameroun, 2007, 5-6)[7]. Cependant, une interrogation demeure : Quels sont les obstacles inhérents au climat des affaires au Cameroun ?

Obstacles inhérents à l'environnement des affaires au Cameroun

L'échec de l'environnement des affaires au Cameroun résulte de la combinaison de plusieurs facteurs internes propres au pays qui le rendent moins attractif tant aux investissements nationaux qu'étrangers.

Premièrement, on constate que le Cameroun se singularise par une mauvaise qualité de son système légal qui se justifie par un faible niveau de protection des droits de la propriété et de grandes difficultés à faire respecter les contrats. Cette situation découle du manque d'indépendance de l'administration judiciaire et l'absence d'impartialité des cours. À cela, il faut ajouter un cadre réglementaire perçu négativement par les investisseurs. Car, les taux d'imposition tout comme leur administration, demeurent préoccupants pour les dirigeants d'entreprises au Cameroun. Il résulte que les lourdeurs administratives et les nombreuses procédures pour déclarer ses impôts ont un impact significatif sur les activités des entreprises (Groupe de la Banque Africaine de Développement, 2012, 17-19)[8].

---

[7] République du Cameroun, (2007), *Rapport Général du Séminaire atelier secteur public et secteur privé sur l'amélioration du climat des affaires et le développement du secteur privé*, Kribi, Comité de Compétitivité, Secrétariat Technique, mars, 46p, pp.5-6.

[8] Groupe de la Banque Africaine de Développement, « Parcours de l'investisseur », in *Environnement de l'investissement privé au Cameroun*, Tunis, Publication de la BAD, Département Régional Afrique Centrale, 2012, 44p, pp.17-19.

Par ailleurs, en plus de la mauvaise qualité de son système judiciaire et réglementaire, ce pays présente aujourd'hui un risque politique et financier pour les investissements directs étrangers.

a) Sur le plan politique, le pays est aujourd'hui en proie à des tensions récurrentes à la fois sur le plan interne et externe. À partir des indicateurs tirés du tableau ci-dessous, quatre facteurs déterminent les critères d'instabilité politique à savoir l'homogénéité sociopolitique ; la stabilité du gouvernement ; le risque d'un coup d'État et/ou le risque de guerre. Les chiffres montrent que dans une moyenne générale pondérée établie à partir des quatre critères, le risque d'instabilité politique demeure moins fort au Cameroun et au Gabon qu'ailleurs avec des notes respectives de 5 indiquant un risque modéré d'instabilité politique.

Pays	Homogénéité sociopolitique	Stabilité du gouvernement	Risque de renversement	Risque de guerre	7 Classes de risque
Pondération	30%	20%	30%	20%	Classement
Cameroun	3,4	4,8	5,4	4,6	5 (modéré)
Centrafrique	2,8	2,5	2,7	2,3	2 (très élevé)
Congo	2,8	3,2	3,4	3,0	3 (élevé)
Gabon	3,8	4,7	5,3	5,0	5 (modéré)
Guinée Equat.	3,4	4,5	4,0	3,4	4 (assez élevé)
Tchad	2,9	3,2	3,3	3,5	3 (élevé)
CEMAC	3,2	3,8	4,0	3,6	3 (élevé)

Notes : Les notes sont exprimées de 1 (risque dangereux) à 7 (risque excellent) en passant par 2 (risque très élevé), 3 (risque élevé), 4 (risque assez élevé) 5 (risque modéré) et 6 (risque faible).
(Sources : Calculs effectués par l'auteur à partir des données de 2005 tirées du site : www.izf.net/13/ee/pro)

b) Sur le Plan financier, l'analyse développée par le cabinet d'expertise financière *Credit Risk International* sur la situation économique et financière du pays en 2005, et conçue dans le tableau ci-dessous, fait du Cameroun une destination à haut risque en matière d'investissements. Bien que ce pays regorge autant de ressources agricoles que de minerais, il va sans dire que le risque lié aux investissements est assez élevé. Or, on constate aujourd'hui que ce qui fait la force économique d'un pays, c'est sa capacité à attirer les investisseurs étrangers qui constituent une source économique tant dans l'apport des capitaux que dans le transfert de technologies et l'accès aux marchés de l'exportation[9].

ays	Risque de défaut de dette publique	Equilibres budgétaires et des paiements	Risque inconvertibilité et dévaluation	Santé du système bancaire	Note finale des risques financiers
ondération	30%	30%	20%	20%	7 classes de risques
ameroun	2,9	3,4	5,6	3,8	4 (assez élevé)
entrafrique	1,9	2,6	5,5	2,5	2 (très élevé)
ongo	2,8	2,8	5,2	3,2	3 (élevé)
abon	3,0	3,1	5,2	3,5	3 (élevé)
uinée Equat.	3,8	4,7	5,9	3,9	5 (modéré)
chad	2,7	2,4	5,6	3,4	3 (élevé)
EMAC	2,8	3,2	5,5	3,4	3 (élevé)

Notes : LEGENDE : Les notes sont exprimées de 1 (risque dangereux) à 7 (risque excellent) en passant par 2 (risque très élevé), 3 (risque élevé), 4 (risque assez élevé), 5 (risque modéré) et 6 (risque faible).
(Sources : Calculs effectués par l'auteur à partir des données 2005 tirées des indicateurs publiés par *Credit Risk International* sur le site : www.izf.net/13/ee/pro)

Dans le tableau ci-dessus, quatre facteurs déterminent les risques financiers. La moyenne pondérée situe le Cameroun (4) derrière le Gabon (5), tout montrant un risque d'investissement financier assez élevé. Par ailleurs, les faibles pourcentages observés dans le tableau font de la sous-région d'Afrique Centrale, une destination à risque en matière de financement et d'investissement dans le secteur privé. Bien qu'étant classé en seconde position derrière la Guinée Équatoriale, le risque d'investissement au Cameroun, à la lumière du tableau, paraît assez élevé. Si le risque d'inconvertibilité et de dévaluation demeure relativement bas, on constate en revanche que les risques sont élevés pour le défaut de la dette publique, l'équilibre budgétaire et des paiements ainsi qu'au niveau de la santé du système bancaire camerounais. Par exemple, en analysant le secteur bancaire du pays, on se rend compte aujourd'hui qu'il est confronté à de nombreux obstacles. Parmi ceux-ci figurent notamment : la dégradation de

[9] Conférence des Nations Unies sur le Commerce et le Développement (CNUCED), *Attirer les investissements directs étrangers dans les pays en développement*, New York ; Genève, Collection Études de la CNUCED sur les politiques d'investissement international au service du développement, 2009, 131p, p.83.

l'environnement économique due à l'érosion des fonds propres par l'inflation, ainsi que l'amenuisement des revenus sur les opérations de crédit à cause des taux d'intérêt négatifs. Par ailleurs, on constate que ce secteur est confronté à la faiblesse dans la gestion interne des banques (manque de rigueur dans les contrôles internes), aux insuffisances liées au dysfonctionnement du système monétaire (inconvertibilité des dépôts bancaires, diversité des taux de change, etc.), au fort interventionnisme étatique dans la désignation des dirigeants des banques, ayant conduit à une politique clientéliste, ou encore, à la dégradation de l'appareil judiciaire qui s'est traduite par des jugements condamnant sans ménagement les banques de manière arbitraire et disproportionnée (Abena Abena, 2007, 114)[10].

Ensuite, un deuxième domaine où le Cameroun est particulièrement en retard, est l'absence du contrôle de la corruption qui sape tout effort d'investissement et décourage systématiquement les investisseurs étrangers.

Année	**Rang mondial**	**Rang africain**	**Indice de Perception de la Corruption (IPC)**
2002	90è/102	5è	2,2
2003	126è/133	2è	1,8
2004	129è/133	7è	2,1
2005	137è/158	12è	2,2
2006	138è/163	13è	2,3
2007	138è/179	20è	2,4

(Sources : Calculs effectués par l'auteur à partir des données tirées de l'évolution du niveau général de l'indice de perception de la corruption (IPC) au Cameroun au cours de la période 2002-2007)[11].

Les chiffres du tableau ci-dessus indiquent que sur une période de cinq ans (2002-2007), le Cameroun figure régulièrement parmi les Etats les plus corrompus de la planète. Que ce soit à l'échelle mondiale ou continentale, le fléau est permanent dans le pays. Ainsi,

---

[10] ABENA ABENA, Jérôme, (2007), *Banques, développement et entreprises au Cameroun*, Paris, Ed Dianoia, Collection Ecologos, 6 mars, 114p

[11] TAMBA, Isaac, (2007), «La lutte contre la corruption au Cameroun : de légers progrès, mais beaucoup reste à faire», Yaoundé, Evaluation du Rapport TI 2007 sur la corruption, *Centre de Recherche pour le Développement Durable en Afrique (CREDDA)*, 24 juillet, disponible sur : www.credda.org/index_corruption_ti_2007

l'indice de perception de la corruption (IPC)[12] du pays varie d'une année à l'autre indiquant le faible degré de mesures de lutte prises par les pouvoir publics afin d'enrayer le fléau. Les causes de la corruption au Cameroun résultent de la combinaison de quatre facteurs. D'abord, on note une absence de l'obligation de rendre compte par les pouvoirs publics et le manque de transparence dans la gestion de l'État. Ensuite, le système bureaucratique du pays demeure fortement centralisé et interventionniste souvent avec des chaînes d'autorité peu claires et des règles de hiérarchie sous ou sur-élaborées (Ayissi, 2008, 39)[13]. Puis, la faible échelle de salaires pratiquée dans la fonction publique, incite son personnel à se livrer à des actes de corruption. Enfin, l'impunité généralisée réglementée en pratique quotidienne au sein de toutes les couches de la société camerounaise, ne peut qu'encourager l'instauration du fléau et affecter négativement les investissements publics. (Titi Nwel, 1999, 86-89)[14]. Par ailleurs, en plus de la pratique quotidienne de la corruption dans le pays, on observe que la législation du marché du travail est particulièrement faible au Cameroun. Les rigidités des normes concernant le recrutement et la démobilisation du personnel, les horaires du travail, aussi bien certains aspects de la fiscalité (coûts onéreux, paiements fractionnés et multiples, etc.), contribuent significativement à décourager les investissements dans le secteur formel. Pour échapper à la pesanteur de la législation en matière d'emploi, la plupart des opérateurs préfèrent investir dans le secteur informel, ce qui a de toute évidence des conséquences négatives en termes de performance économique pour le pays et sur la situation des travailleurs. (Assiga Ateba, 2001, 721-745)[15].

Troisièmement, au-delà des aspects de «bonne gouvernance» et de la qualité institutionnelle et légale, l'attractivité du Cameroun auprès des investisseurs étrangers reste limitée par le manque d'infrastructures et du capital humain. Les infrastructures influencent la compétitivité d'un pays à travers leurs effets sur les coûts de production et de transport. Un bas coût de la main-d'œuvre n'est pas

---

[12] L'indice de Perception de la Corruption (IPC) est un indice composite agrégeant des données d'enquête et d'agences de notation. Il est établi sur la base de 0 à 10 (0 = nul et 10 = niveau excellent).

[13] AYISSI, Lucien, *Corruption et gouvernance*, Paris, Ed l'Harmattan, Collection Persée Africaine, 2008, 210p, p.39

[14] TITI NWEL, Pierre, (1999), *De la corruption au Cameroun*, Yaoundé, Ed Friedrich Ebert Stiftung, Collection GERDDES Cameroon, pp.86-89, 269p

[15] ASSIGA ATEBA, Etienne Modeste, (2001), «L'analyse économique de la corruption au Cameroun», Montréal, *Revue Canadienne d'Etudes du Développement*, n°3, volume XXII, pp.721-745

une condition suffisante pour attirer les entreprises étrangères, si les coûts de production demeurent élevés à cause du mauvais état des infrastructures de transport et de télécommunication ou des insuffisances dans la distribution de l'énergie et de l'eau (Mayeko, 2005, 151-152)[16]. Par exemple, on remarque aujourd'hui que les échanges entre le Cameroun et ses voisins (Congo-Brazzaville, RCA, Tchad, Gabon, Guinée Équatoriale et Nigeria) s'effectuent par voies aérienne, maritime et terrestre. La difficulté majeure que pose la voie aérienne est le coût prohibitif du transport inhérent à la faiblesse de l'offre. Quant à la voie maritime, elle est prioritairement utilisée pour les produits alimentaires (Bennafla, 2002, 93)[17]. De plus, les navires en circulation sont inconfortables. D'où l'importance de la voie terrestre. Le tronçon routier, d'un pays à l'autre, est difficile d'accès à cause de l'absence d'infrastructures routière viables. Les frontières séparant par exemple le Cameroun à la Guinée Équatoriale dans la région de Kye-Ossi ou le Cameroun au Congo-Brazzaville sur le NTEM, sont le plus souvent traversées par des fleuves sans ponts. Par ailleurs, contrairement aux espaces ouverts d'Afrique de l'Ouest et du désert du Kalahari en Afrique Australe, la forêt équatoriale constitue une barrière naturelle obstruant considérablement la circulation des personnes et des biens. La construction et l'entretien des routes en zone équatoriale exigent des financements plus importants que ceux qui sont nécessaires pour les autres régions africaines (Ongolo Zogo, Touna Mama, 2003, 85-98)[18].

Quatrièmement, un autre obstacle que l'on peut évoquer ici provient des problèmes inhérents au financement du secteur privé camerounais. Ces difficultés prennent leurs racines plus particulièrement dans l'inadéquation entre l'offre et la demande de crédit. À cet effet, les recherches empiriques des problèmes économiques du pays montrent que ce n'est ni l'absence des projets rentables, ni les ressources qui font défaut. C'est davantage un problème spécifique de fonctionnement du marché du crédit dont les dysfonctionnements sont très prononcés et conduisent au mauvais

---

[16] MAYEKO, Léon, « Réformes de l'État et compétitivité dans les pays de la CEMAC », in *Afrique Centrale. Crises économiques et mécanismes de survie*, (Dir), PIDIKA MUKAWA Didier, TCHOUASSI Gérard, Dakar, Ed du Conseil pour le Développement de la Recherche en Sciences Sociales (CODESRIA), 2005, 343p, pp.151-152.

[17] BENNAFLA, Karine, *Le commerce frontalier en Afrique Centrale : acteurs, espaces, pratiques*, Paris, Ed Karthala, Collection Les Afriques, 2002, 368p, p.93

[18] ONGOLO ZOGO, Valérie, TOUNA MAMA, (2003), «Intégration physique à travers le développement des infrastructures en Afrique Centrale», in *Intégration régionale. Bilan et perspectives*, BEN HAMMOUDA, Hakim, TOUNA MAMA, (Dir), Paris, Ed Karthala, Collection Hommes & Sociétés, 307p, pp.85-98.

climat des affaires dans le pays (Ngamba Tchapda, 2005, 121-122)[19].

Au Cameroun, les petites et moyennes entreprises (PME) représentent aujourd'hui les trois quarts du tissu industriel du pays. Elles s'appuient sur un ensemble de critères quantitatifs tels que le montant des investissements, le montant du capital, l'importance de la main-d'œuvre, le chiffre d'affaires, l'encours du crédit, etc. De plus, on constate que ces critères ne rendent toujours pas compte de la réalité des PME pour au moins trois raisons. La première est liée à l'inflation qui exige une actualisation périodique. La seconde porte sur leur cohérence interne qui n'est toujours pas établie. La troisième enfin, se rattache à leur caractère global qui aboutit à une inadéquation lorsqu'on considère l'optique des branches (Essombe Edimo, 1995, 142-154)[20].

Une autre particularité des petites et moyennes entreprises camerounaises est leur distinction sur le plan juridique. En ce sens qu'elles présentent une grande diversité à l'intérieur du même pays. Juridiquement, quatre variantes distinguent les PME camerounaises. L'entreprise individuelle, la société à responsabilité limitée (SARL), la société anonyme (SA) et le groupement d'intérêt économique (GIE). Au plan économique, elles se démarquent très nettement de la grande entreprise au niveau du secteur d'activité, à savoir la main-d'œuvre, la taille du marché et l'absence de sous-traitance. Les PME camerounaises utilisent beaucoup de main-d'œuvre et sur les 6,7 millions de la population active du pays en 2000, 15% opérait dans le secteur formel, contre 85% dans l'informel. Ce qui prouve que le secteur moderne ou formel était à peine capable d'absorber une petite fraction de la population qui entrait dans le marché du travail dans la mesure où il était de taille très réduite et n'était pas créateur net d'emplois (Ndjayou, 2001, 15)[21]. Sur le plan financier, l'investissement de départ dans les PME camerounaises trouve généralement sa source de financement à partir des économies personnelles auxquelles viennent s'ajouter les aides sous forme de dons et prêts consentis par des parents et amis. Le recours au système

---

[19] NGAMBA TCHAPDA, Hélène, « Les coûts de la croissance des économies d'Afrique Centrale », in *Afrique Centrale. Crises économiques et mécanismes de survie*, PIDIKA MUKAWA Didier, TCHOUASSI Gérard, op cit, pp.121-122

[20] ESSOMBE EDIMO, Jacques Roger, (1995), «Promouvoir l'industrialisation par la petite et moyenne entreprise», in *Financement et développement, quel avenir pour l'Afrique?*, Paris, Ed Nouvelles du Sud, Collection Silex, 172p, pp.142-154.

[21] - NDJANYOU, Laurent, (2001), «Risque, incertitude et financement bancaire de la PME camerounaise : l'exigence d'une analyse spécifique du risque», New Jersey, *Center for Economic Research on Africa*, School of Business, Montclair State University, February, pp.1-26, p.15

financier parallèle et autres circuits de financements informels (tontines, caisses de solidarité, prêts des parents ou amis) est une des caractéristiques des PME camerounaises surtout dans leur phase de création. Le recours au circuit financier informel, leur permet ainsi d'échapper à la pression fiscale plus précisément au cours de leurs premières années d'existence (Paranque, 2004, 34-35)[22].

Conclusion

En guise de conclusion à cette recherche, force est de reconnaître à la suite de mes différentes analyses, que l'environnement des affaires au Cameroun est très peu favorable pour attirer les investisseurs étrangers et encourager l'initiative privée. La croissance du pays, tirée essentiellement du pétrole et de l'agriculture, demeure très fragile. Hormis les facteurs précédemment évoqués, l'état des services est dans l'incapacité de satisfaire la demande nationale. Les coûts et la qualité des infrastructures sont fortement contraignants pour les investisseurs privés. Par exemple, l'électricité, les transports routiers et ferroviaires sont les infrastructures les plus pénalisantes pour les entreprises. Pour ce qui est de l'électricité, la cherté de l'accès, le taux moyen d'utilisation des capacités de production nationale relativement faible (64%) et les nombreux délestages liés aux coupures récurrentes, ne sont pas de nature à encourager l'investissement privé. Pour ce qui est des services aux entreprises, l'obtention du titre de propriété, l'approvisionnement en carburant et les technologies de l'information et de la communication (internet, téléphonie, etc.) proposent des coûts onéreux et une qualité insuffisante aux entreprises. (Union Européenne, 2010, 37-38)[23]. Toutefois, on constate aussi que les entreprises camerounaises souffrent d'une forte concurrence déloyale notamment de la présence du secteur informel et surtout, de la fraude, la contrefaçon et la contrebande des produits nigérians et chinois. (SNV/Gicam, 2008, 27-31)[24]. En revanche, il faut noter que le marché du travail camerounais souffre cruellement d'un déficit de personnel qualifié. Cette situation provient en grande partie à l'inadéquation

---

[22] PARANQUE, Bernard, (2004), «Financement des PME et croissance», Paris, *Techniques Financières du Développement (TFD)*, Collection Epargnes sans frontières, 55p, pp.34-35.

[23] Union Européenne (UE), *Elaboration de la stratégie de compétitivité au Cameroun*, Louvain-la-Neuve, Rapport Final, Étude réalisée par Aide à la Décision Économique (ADE) en collaboration avec ABPCD, Lettre de Marché n°2010/223319, Contrat Cadre EuropeAid : 127054/C/SER/multi – Lot 10, août, 2010, 149, p.37.

[24] SNV/GICAM, *Perception des entreprises sur le climat des investissements et des affaires au Cameroun*, Yaoundé, Rapport National, 2008, 65p, pp.27-31

formation-emploi et aux modes de recrutement qui promeuvent rarement le mérite au détriment du népotisme. (GICAM/MINEPAT/GIZ/CCIMA, 2011, 10-11)[25].

Par ailleurs, la facilité à réaliser des affaires est soumise à différents aléas et à la volonté des dirigeants politiques qui ne combattent pas efficacement la corruption. Pour créer une entreprise ou pour dédouaner une marchandise, les procédures sont complexes et les délais d'attente très longs. Dans le cadre de la protection des investisseurs, les autorités politiques nationales se montrent laxistes en matière de transparence des transactions, de l'obligation des responsables d'entreprises d'avoir à rendre des comptes de leur gestion ou encore la possibilité pour les actionnaires d'initier des poursuites contre les dirigeants indélicats.

En matière d'obtention des crédits, on s'aperçoit que pour mesurer la disponibilité d'information sur le crédit et les droits légaux des emprunteurs et des prêteurs, les lois sont permissives et ne permettent pas à l'investisseur de contracter aisément un crédit. Le Rapport sur Compétitivité globale 2003/2004 note que l'économie camerounaise souffre particulièrement du manque d'accès au financement par les PME, de la corruption, de la politique fiscale, des lourdeurs bureaucratiques et de l'insuffisance des infrastructures de base. Les structures qui permettaient aux PME camerounaises comme le Fonds d'Aide et de Garantie des Crédits aux Petites et Moyennes Entreprises (FOGAPE)[26] se sont aujourd'hui effondrées à cause de leur mauvaise gestion durant les vingt premières années post-indépendances. Aujourd'hui, cette situation rend les banques du pays réticentes dans l'octroi des prêts aux PME. C'est pourquoi ces dernières se tournent

---

[25] Ministère de l'Économie, de la Planification et de l'Aménagement du Territoire (MINEPAT), Groupement Inter-Patronal du Cameroun (GICAM), Coopération Technique Allemande (GIZ), Chambre de Commerce, d'Industries, des Mines et de l'Artisanat (CCIMA), *Perception des entreprises sur le Climat des Affaires au Cameroun*, Yaoundé, Business Climate Survey, Synthèse du Rapport National BCS, 2011, 17p, pp.10-11.

[26] Dans sa politique de promotion d'investissement privé au Cameroun, le Gouvernement a crée en 1975 le Fonds d'Aide et de Garantie des Crédits aux Petites et Moyennes Entreprises (FOGAPE). En créant cette structure, le Gouvernement voulait en faire du FOGAPE, une institution pionnière à tout faire dans le secteur des PME. Il lui consacrait à cet effet, d'importantes ressources matérielles, financières et humaines. Dans le cadre de ses missions, le FOGAPE devrait assurer l'octroi des prêts directs, le conseil, la formation et l'assistance en matière de gestion. Un tel élargissement supposait l'existence d'un personnel bien formé et doté d'une très bonne expérience professionnelle en nombre suffisant. Malheureusement, tel n'avait pas été le cas. (Source : TOUNA MAMA, (Dir), (1996), *Crise économique et politique de déréglementation au Cameroun*, Paris, Ed l'Harmattan, Collection Alternatives Rurales, septembre, 263p, pp.118-199).

donc vers des formes traditionnelles de crédit (tontines, usuriers, proches) qui pratiquent des taux très élevés pour des délais de remboursement courts.

En définitive, on constate que tous ces facteurs combinés, sont très peu favorables à l'environnement des affaires au Cameroun donc très peu susceptibles d'attirer les investissements directs étrangers. Grosso modo, on peut déduire que le contexte des affaires au Cameroun est fortement dominé par l'emprise de l'oralité, la culture du secret, le contraste saisissant entre la surliquidité des banques classiques et le faible financement de ces banques, l'informel et la faiblesse du capital privé. Cette situation s'accentue et se complexifie avec l'absence de garantie et partant, des conditionnalités requises par les établissements de crédit (Atanga Fongue, Tocke, 2011, 10-27)[27].

Références bibliographiques

ABENA, Jérôme, (2007), *Banques, développement et entreprises au Cameroun*, Paris, Ed Dianoia, Collection Ecologos, 6 mars, 114p

ASSIGA ATEBA, Étienne Modeste, (2001), «L'analyse économique de la corruption au Cameroun», Montréal, *Revue Canadienne d'Études du Développement*, n°3, volume XXII, pp.721-745

ATANGA FONGUE Roland, TOCKE Adrien, *Eléments de la fiscalité des affaires au Cameroun*, Paris, Ed l'Harmattan, Collection Finances Publiques, Juin 2011, 192p, pp.10-27

AYISSI, Lucien, *Corruption et Gouvernance*, Paris, Ed l'Harmattan, Collection Persée Africaine, 2008, 210, p.39

Banque Mondiale, (2007), *Cameroun : Examen du portefeuille de la Banque Mondiale*, Rapport final, juin, 82p, p.17

BENNAFLA, Karine, *Le commerce frontalier en Afrique Centrale : acteurs, espaces, pratiques*, Paris, Ed Karthala, Collection Les Afriques, 2002, 368p, p.93

---

[27] ATANGA FONGUE Roland, TOCKE Adrien, *Eléments de la fiscalité des affaires au Cameroun*, Paris, Ed l'Harmattan, Collection Finances Publiques, juin, 2011, 192p, pp.10-27.

CANTENS, Thomas, (2007), «La réforme de la douane camerounaise à l'aide d'un logiciel des Nations Unies ou l'appropriation d'un outil des finances publiques», Paris, in *Afrique* Contemporaine, Ed de Boeck Universités, n°223-224, Volumes 3-4, pp.289-307

Commission Economique des Nations Unies pour l'Afrique (CEA), (2006), *Les économies de l'Afrique Centrale 2006*, Paris, Ed Maisonneuve & Larose, novembre, 251p, p.160

Conférence des Nations Unies sur le Commerce et de la Développement (CNUCED), *Attirer les investissements directs étrangers dans les pays en développement*, New York ; Genève, Collection Etudes de la CNUCED sur les politique d'investissement international au service du développement, 2009, 131p, p.83

ESSOMBE EDIMO, Jacques Roger, (1995), «Promouvoir l'industrialisation par la petite et moyenne entreprise», in *Financement et développement, quel avenir pour l'Afrique?*, Paris, Ed Nouvelles du Sud, Collection Silex, 172p, pp.142-154

UNION EUROPEENE (UE), *Elaboration de la stratégie de compétitivité au Cameroun*, Louvain-la-Neuve, Rapport Final, Etude réalisée par Aide à la Décision Economique (ADE) en collaboration avec ABPCD, Lettre de Marché n°2010/223319, Contrat Cadre EuropeAid : 127054/C/SER/multi – Lot 10, août, 2010, 149p, pp.37-38

EUROPAID, (2007), «Amélioration du climat des affaires pour une meilleure compétitivité au Cameroun», 119869/C/SV/multi-request, Lot n°11 : Study, Specific Terms of Reference, 28 novembre, article en ligne (www.acpbusinessclimate.org)

Groupe de la Banque Africaine de Développement (BAD), « Parcours de l'investisseur », in *Environnement de l'investissement privé au Cameroun*, Tunis, Publication de la BAD, Département Régional

Afrique Centrale, 2012, 44p, pp.17-19

MAYEKO, Léon, « Réformes de l'État et compétitivité dans les pays de la CEMAC », in *Afrique Centrale. Crises économiques et mécanismes de survie*, (Dir), PIDIKA MUKAWA Didier, TCHOUASSI Gérard, Dakar, Conseil pour le Développement de la Recherche en Sciences Sociales (CODESRIA), 2005, 343p. pp.151-152

Ministère de l'Economie, de la Planification et de l'Aménagement du Territoire (MINEPAT), Groupement Inter-Patronal du Cameroun (GICAM), Coopération Technique Allemande (GIZ), Chambre de Commerce, d'Industries, des Mines et de l'Artisanat (CCIMA), *Perception des entreprises sur le climat des affaires au Cameroun*, Yaoundé, Business Climate Survey, Synthèse du Rapport National BCS, 2011, 17p, pp.10-11

NDJANYOU, Laurent, (2001), «Risque, incertitude et financement bancaire de la PME camerounaise : l'exigence d'une analyse spécifique», New Jersey, *Center for Economic Research on Africa*, School of Business, Montclair State University, February, pp.1-26, p.15

NGAMBA TCHAPDA, Hélène, « Les coûts de la croissance des économies d'Afrique Centrale », in *Afrique Centrale. Crises économiques et mécanismes de survie*, (Dir), PIDIKA MUKAWA Didier, TCHOUASSI Gérard, Dakar, Ed du Conseil pour le Développement de la Recherche en Sciences Sociales (CODESRIA), 2005, 343p, pp.121-122

NGODI, Etanislas, (2005), «Pétrole et géopolitique en Afrique Centrale», in *Afrique Centrale. Crises économiques et mécanismes de survie*, (Dir), PIDIKA MUKAWA Didier, TCHOUASSI Gérard, Dakar, Ed du Conseil pour le Développement de la Recherche en

Sciences Sociales (CODESRIA), 2005, 343p, pp.75-139

ONGOLO ZOGO Valérie, TOUNA MAMA, (2003), «Intégration physique à travers le développement des infrastructures en Afrique Centrale», in *Intégration régionale. Bilan et perspectives*,, BEN HAMMOUDA Hakim, TOUNA MAMA (Dir), Paris, Ed Karthala, Collection Hommes & Sociétés, 307p, pp.85-98

Organisation des Nations Unies (ONU), *Analyse Pays des défis du développement au Cameroun*, Yaoundé, Bilan Commun du Système des Nations Unies fondé sur le Document de Stratégie de Réduction de la Pauvreté du Gouvernement du Cameroun, septembre, 2006, 81p

PARANQUE, Bernard, (2004), «Financement des PME et croissance», Paris, *Techniques Financières du Développement (TFD)*, Collection Epargnes Sans Frontières, 55p, pp.34-35

PISSANG KELLER, Fernand, « L'état du financement des investissements privés au Cameroun et au Gabon », in *Les interventions des institutions de Bretton Woods dans la sous-région d'Afrique Centrale : Les exemples du Cameroun et du Gabon (1987-2007)*, Lausanne, Thèse de la Faculté des Sciences Sociales et Politiques, Université de Lausanne, novembre, 2010, 395p, pp.288-300

PORTER Michael, SCHWAB Klaus, SALA-I-MARTIN Xavier, CARLOS Augusto Lopez, (Dir), (2004), *The global competitiveness Report 2003-2004*, Oxford, Oxford University Press, February 19th, 606p

République du Cameroun, (2007), *Rapport Général du Séminaire-Atelier Secteur Public et Secteur Privé sur l'amélioration du climat des affaires et le développement du secteur privé*, Kribi (Cameroun), Comité de Compétitivité, Secrétariat Technique, mars, 46p, pp.5-6

SNV/GICAM, *Perception des entreprises sur le climat des*

investissements et des affaires au Cameroun, Yaoundé, Rapport National, 2008, 65p, pp.27-31

TAMBA, Isaac, (2007), «La lutte contre la corruption au Cameroun : de légers progrès, mais beaucoup reste à faire», Yaoundé, Evaluation du Rapport TI 2007 sur la corruption, Centre de Recherche pour le Développement Durable en Afrique (CREDDA), 24 juillet, disponible sur : www.credda.org/index_corruption_ti_2007

TITI NWEL, Pierre, (1999), De la corruption au Cameroun, Yaoundé, Ed Friedrich Ebert Stiftung, Collection GERDES Cameroon, 269p

World Bank, (2006), Doing Business in 2006. Creating jobs, Washington DC, A Copublication of World Bank and International Finance Corporation, 196p, pp.9-67

World Bank, (2007), How to reform: Comparing regulating in 175 economies, Washington DC, Copublication of World and International Finance Corporation, 185p, pp.103-112

World Economic Forum on Africa, (2007), Raising the bar, Report, Cap Town, 13-15 June, 32p

www.izf.net/13/ee/pro (Notation 2005 réalisée par Credit Risk International)

VOTE À DISTANCE DES CAMEROUNAIS DE L'ÉTRANGER ET STRATÉGIE DE COMMUNICATION DU CAMEROUN

Antoine WONGO AHANDA*

Les gouvernements africains s'intéressent toujours à la façon dont leur politique est perçue par l'opinion publique à l'extérieur de leurs frontières. Les pratiques gouvernementales de gestion de cette opinion se déclinent généralement à l'international en deux ensembles relativement bien distincts. Elles mettent en œuvre d'une part des stratégies de communication (parfois vaines) visant à influencer l'opinion publique internationale par la prise de parole et le dévoilement publicisé de la politique gouvernementale. Elles intègrent également des stratégies de contrôle de certaines franges de la population à l'intérieur comme à l'extérieur du pays considérées comme dangereuses et dont les discours sont disqualifiés comme illégitimes.

Wolton (1997) définit la communication politique comme *«l'espace où s'échangent les discours contradictoires des trois acteurs qui ont la légitimité à s'exprimer publiquement sur la politique et qui sont les hommes politiques, les journalistes et l'opinion publique au travers des sondages* ».

À la limite, la communication politique désigne toute communication qui a pour objet la politique. L'avantage de cette définition, un peu trop extensive, est de prendre en compte les deux grandes caractéristiques de la politique moderne contemporaine: l'élargissement de la sphère politique avec l'accroissement du nombre des problèmes et des acteurs entrant dans le champ politique, l'apparition d'un espace public déterritorialisé avec l'amplification du phénomène de la migration et la place croissante accordée à la communication, avec le poids des médias et de l'opinion publique internationale au travers de l'usage d'internet.

À ce niveau, il faudrait appréhender à sa juste mesure la participation électorale des communautés diasporiques africaines dans toute sa profondeur, pour en dégager les ressorts et les ressources symboliques et mettre en relief les éléments et dynamiques de cette litière sociale et politique qui sédimentent peu ou prou le processus de murissement et de maturation démocratique des États africains. Cette

---

* Maître de conférences. HDR, ESSTIC/Université de Yaoundé II

possibilité de projection de la diaspora[1] renforce la solidarité et la communauté de destin avec les compatriotes de l'intérieur. La confluence et la mutualisation des représentations des intérêts et des défis fondent la réalité d'une sphère symbolico-médiacratique d'interpellation, de suggestion, de débats contradictoires, de réponses entre les gouvernants , les différentes forces socio-politiques et la diaspora dont les dynamiques sont fortement révélatrices de l'agrégation d'intérêts qui sont la traduction et la manifestation de l'existence d'un espace vital de la communication politique (Habermas, 1988 et Wolton, 1995).

Ainsi, l'influence de la diaspora, grâce à l'instrumentation du cyberespace avec les TIC est devenue un enjeu majeur dans l'élaboration des agendas politiques des gouvernants africains, dans leurs relations avec les partenaires bilatéraux et multilatéraux, qui, certainement aiguillonnés par les nombreux actants personnels et institutionnels tels que les associations et les Organisations non gouvernementales, n'hésitent pas à imposer des questions et des orientations suggérées par celles-ci, parfois au détriment des gouvernements.

Pour Wolton, il n'ya pas de démocratie de masse sans communication. Par communication, il entend certes les médias et les sondages, mais aussi le modèle culturel favorable à l'échange entre les élites, les dirigeants et les citoyens. La démocratie utilise des formes nombreuses de mobilisation qui influencent la décision politique et garantissent sa vitalité. Le vote est l'acte-symbole de la participation politique, mais en fait, celle-ci dessine un univers d'activités dont la définition proposée par Myron Weiner (1971 : 159) paraît la plus utilisable. La participation politique recouvre *« toute action volontaire ayant du succès ou aboutissant à un échec, organisée ou non organisée, épisodique ou continue, ayant recours à des moyens légitimes ou non légitimes dans le but d'influencer le choix des politiques, la gestion des affaires publiques ou le choix des dirigeants politiques à tous les niveaux de gouvernement, local ou national »*.

La participation politique, et, de là, l'exercice de la démocratie pour les communautés de migrants passent donc par l'action protestataire et l'influence plus large des mouvements politiques et

[1] Le terme «diaspora» désigne toutes sortes de phénomènes différents. Selon l'Organisation Internationale pour les Migrations (OMI) et le Migration Policy Institute (MPI), la diaspora, ce sont « Les émigrants et leur descendance qui vivent hors de leur pays natal ou du pays de leurs parents, sur une base temporaire ou permanente, tout en conservant des liens affectifs et matériels avec leur pays d'origine ». (OMI, 2012).

des groupes de pression même ceux qualifiés de transgressifs[236], l'engagement au sein d'associations, la signature de pétitions et de mémorandums, et des formes d'action plus directes (blocus d'ambassades et d'hôtels de résidence des dirigeants, manifestations de rue de ressortissants, etc.).

Pierre Rosanvallon permet de saisir ce qui se joue dans cette dynamique de la participation politique qui mêle trois dimensions de l'interaction entre le peuple et la sphère politique : l'expression, l'implication, l'intervention. Pour Rosanvallon (2006), la démocratie d'expression correspond à la prise de parole de la société, à la manifestation d'un sentiment collectif, à la formulation de jugements sur les gouvernants et leurs actions, ou encore à l'émission de revendications. À l'extérieur des États, dans les communautés expatriées, les démocraties d'expression, d'implication et d'intervention se sont renforcées et étendues avec l'ouverture démocratique en Afrique, alors que la démocratie d'élection soit a tardé à être instaurée, soit s'est exercée de manière incomplète[3]. Rosanvallon fait une autre distinction utile : à côté du gouvernement électoral-représentatif, il y a une deuxième scène, qu'il appelle la « contre-démocratie », c'est-à-dire l'ensemble des pratiques de surveillance, d'empêchement et de jugement au travers desquels la société exerce des formes de pression sur les gouvernants. Ces pratiques se retrouvent bien hors des frontières nationales et sur Internet où les migrants et les exilés tentent de tirer profit de « l'hétérotopie »[4] que constitue la vie dans les pays européens et américains d'accueil, c'est-à-dire de cet espace à la marge, de ce lieu autre que leur pays d'origine qui leur offre un cadre en vue de réaliser l'utopie de la critique du gouvernement du pays d'où ils viennent.

Ces dernières années, les modalités d'expression sociale et de participation relevant de la protestation et de la revendication se sont affermies dans les communautés de migrants africains avec une inventivité nouvelle : actions directes, démocratie participative, vote symbolique, diplomatie non gouvernementale, lobbying, actions

---

[2] Les mouvements qualifiés globalement de "transgressifs" sont ceux qui *« viseraient des changements sociaux, destinés à redéfinir les structures sociales. Ils rejettent les institutions existantes, en envisageant parfois de nouvelles structures ».* Jordan Tim, 2003, *S'engager ! Les nouveaux militants, activistes, agitateurs...,* Paris Éditions Autrement

[3] Le vote des citoyens africains de l'étranger n'est pas encore généralisé et connait des limitations.

[4] In Michel Foucault, *Dits et écrits* (1984), T IV, « Des espaces autres », n° 360, pp. 752 - 762, Gallimard, Nrf, Paris, 1994

judiciaires à l'étranger contre des États et leurs dirigeants. Les actions de participation engagées recèlent dans certains cas un potentiel de non démocratie, du fait qu'elles suscitent des formes d'influence difficile à contrôler, de la manipulation, de la désinformation, voire même contribuent à saper la légitimité élective des dirigeants notamment par la dégradation volontaire de leur image à l'étranger. Les Camerounais et nombre d'observateurs ne cessent ainsi de dénoncer une vision jugée trop souvent négative et réductrice de l'image du Cameroun projetée à l'extérieur du continent qui, notamment à travers le prisme des médias, privilégie la perception d'un Cameroun en état de crise permanente, soumis à des fléaux multiples (sida, pauvreté, instabilité, déficit démocratique, corruption…) et dirigé par un despote qui truque régulièrement les élections. La récurrence des accusations et des dénonciations du système électoral camerounais a cependant fini par faire des élections truquées un des stéréotypes qui dessinent négativement à l'étranger l'image du Cameroun et du régime du président Paul Biya[5].

---

[5] Cet extrait des échanges de députés français sur l'élection présidentielle du 9 octobre 2011 au Cameroun est édifiant :

M. le président*. La parole est à M. Serge Janquin, pour le groupe socialiste, radical, citoyen et divers gauche.*

M. Serge Janquin*. Monsieur le ministre des affaires étrangères, l'élection présidentielle au Cameroun interroge sur la politique africaine de la France. Une dictature installée par la France en 1960 dans un bain de sang y dure depuis plus d'un demi-siècle. Le président Biya est un président fantôme. La moitié du temps à l'étranger, il préside un conseil des ministres par an. Le dernier s'est tenu en juillet 2009. Il n'est présent que pour faire tirer à balles réelles sur la jeunesse qui conteste sa réforme constitutionnelle. Il n'est présent que lorsqu'il s'agit d'installer la corruption au plus haut niveau de l'État, pour recevoir d'Elf le financement de sa campagne ou de bailleurs de fonds, dont la France, les moyens de juguler son opposition. Il se dit aussi qu'il n'est présent que lorsqu'il s'agit d'envoyer à des partis politiques français des valises bien lestées (« Ah ! » sur les bancs du groupe SRC)…*

Un député du groupe UMP*. Est-ce que cela inclut le parti socialiste ?*

M. Serge Janquin*. …alors que la moitié de sa population vit avec moins de 2 dollars par jour. Monsieur le ministre, le Gouvernement auquel vous appartenez désormais a pris si tardivement conscience de la volonté d'émancipation des peuples arabes qu'il a dû faire un virage sur l'aile – c'est l'expression qui convient – remarqué. Quand la France se tiendra-t-elle enfin à distance respectable des miasmes irrespirables qui entourent des dirigeants africains corrompus ? […] Faudra-t-il attendre un printemps de l'Afrique noire pour que la France reconnaisse enfin la légitimité et la capacité des peuples d'Afrique à exprimer leur volonté, la volonté du peuple souverain ? (Applaudissements sur les bancs des groupes SRC et GDR.)*

M. le président. *La parole est à M. le ministre d'État, ministre des affaires étrangères et européennes.*

Les élections dans la fabrique de l'image du Cameroun et du président Paul Biya

Les élections au Cameroun sont devenues en effet depuis 1992, année des premiers scrutins à candidatures multiples, de véritables objets de politique étrangère conduisant directement à certaines actions (recherche de soutiens, déclarations publiques, rejet des pressions extérieures (Ebolo, 1996), dénonciations d'ingérences étrangères). En juillet 2011, une loi votée par l'Assemblée nationale a permis aux Camerounais établis ou résidants à l'étranger de voter aux élections présidentielles et aux référendums. En tant que premier scrutin au cours duquel cette innovation a été appliquée et sur laquelle s'adosse le présent article, l'élection présidentielle du 9 octobre 2011 est un moment crucial de la participation électorale des Camerounais de l'étranger dont les fondements, les critiques dont elle a fait l'objet et l'adhésion qu'elle a finalement reçue relèvent à l'observation, plus de la communication politique que de la simple extension aux nationaux de l'étranger de leurs droits de participation[6].

***M. Alain Juppé, ministre d'État, ministre des affaires étrangères et européennes**. Monsieur le député, la France a suivi avec une particulière attention le déroulement des élections au Cameroun dimanche dernier.*

***M. Noël Mamère**. Ce n'était pas des élections !*

***M. Alain Juppé, ministre d'État.** Il est encore trop tôt pour parler des résultats ; le taux de participation n'est pas encore connu. Ce que je peux vous dire, c'est que, selon l'Organisation internationale de la francophonie et le Commonwealth qui ont suivi le déroulement de ces élections, on peut considérer aujourd'hui qu'elles ont eu lieu dans des conditions acceptables. (Exclamations sur plusieurs bancs des groupes SRC et GDR.)*

***M. Jean-Paul Lecoq**. Scandaleux !*

***M. Alain Juppé, ministre d'État**. Nous appelons donc la population et la presse camerounaises, ainsi que tous les acteurs politiques du pays, à faire preuve, jusqu'au 24 octobre, date de proclamation des résultats, et au-delà, de modération et d'éviter tout recours à la violence pour faire valoir leurs vues.*

***Plusieurs députés du groupe GDR**. Scandaleux !*

Source : Assemblée nationale française. Transcription de la première séance du mardi 11 octobre 2011.

[6] La loi n° 2011/013 du 13 juillet 2011 relative au vote des citoyens camerounais établis ou résidant à l'étranger détermine deux types d'élection auquel peuvent prendre part les Camerounais de l'étranger : l'élection du président de la République et le référendum.

Des élections et des vainqueurs controversés

Depuis la proclamation de l'indépendance le 1er janvier 1960, le Cameroun a connu 10 élections présidentielles mais le premier scrutin présidentiel multipartite fut celui du 11 octobre 1992 qui vit John Fru Ndi, leader du Social Democratic Front (SDF) officiellement crédité de 35,9% de voix, soit 50 000 suffrages de moins que Paul Biya, le président sortant, déclaré réélu avec 39,9% des voix. La Cour suprême du Cameroun bien qu'ayant reconnu qu'il y avait eu des irrégularités, n'annula pas le scrutin. John Fru Ndi parla alors de « victoire volée »[7]. *« L'histoire est là, ferme, implacable. J'ai gagné les élections présidentielles d'octobre 1992. Personne ne pourra gommer cela de l'histoire. [...]. Je ne réclame pas qu'on ramène le calendrier en arrière de neuf ans, c'est impossible. La dictature de M. BIYA, elle est là. Celle de coup d'État électoral à coup d'État électoral. Mais M. BIYA sait que le peuple l'a rejeté lui et son régime. C'est pour cela qu'il refuse la transparence électorale »*, déclarait-il encore en 2001. Depuis lors, l'organisation des scrutins au Cameroun a beaucoup souffert de contestations diverses dont notamment le manque d'objectivité constamment reproché au ministère de l'Administration territoriale, administration étatique chargée à l'origine de l'organisation des élections jusqu'à la création en 2008 d'Elecam (Olinga, 2001).

Des différents rapports produits par les observateurs internationaux des élections au Cameroun ressortent de façon constante:

• Le manque d'indépendance d'Elecam et des organes électoraux qui l'ont précédé ;

• Des irrégularités sur les listes électorales. Parmi celles-ci, l'inscription d'un même électeur à plusieurs reprises[8], le maintien des noms de personnes décédées, les erreurs volontairement glissées sur l'orthographe des noms ou prénoms des électeurs, l'inscription à tête chercheuse sur les listes, la distribution sélective des cartes d'électeurs ;

• L'usage de bulletins de vote multiples et le refus d'adopter un bulletin unique qui empêcherait l'achat des voix, l'indisponibilité de certains bulletins et la confusion sur la façon de voter ;

---

[7] Source : Interview accordée par Ni John Fru Ndi le 29 janvier 2001 à *Cameroon-Info.Net.* [En ligne]. Extrait le 12 octobre 2013 http://www.cameroon-info.net/stories/0,3890,@,l-invite-du-mois-john-fru-ndi.html

[8] Les cartes d'électeurs biométriques ont finalement été adoptées en 2012 et utilisées pour la première fois pour les élections sénatoriales du 14 avril 2013 et, plus largement, pour le double scrutin (législatives et municipales) du 30 septembre 2013.

• Les campagnes du parti au pouvoir suscitant la peur en faisant valoir que voter pour l'opposition entraînerait l'instabilité et la guerre civile ;
• La difficulté pour les électeurs d'identifier les bureaux de vote bien avant le jour du scrutin ;
• L'utilisation d'une encre délébile, incorrectement appliquée et non vérifiée ;
• La fermeture tardive des bureaux de vote empêchant le dépouillement du vote à la lumière du jour;
• L'accréditation sélective des observateurs internationaux ;
• L'absence d'équité dans la couverture médiatique, notamment par la télévision d'État, la CRTV.

Appelé par Radio France Internationale (RFI) à donner son avis sur le scrutin de l'élection présidentielle du 11 octobre 2004, le Cardinal Christian Tumi, archevêque de Douala, souvent considéré comme un opposant au régime camerounais déclare ceci : *« Selon le rapport que j'ai reçu des observateurs catholiques, il me dit qu'il faut qualifier ces élections, ce scrutin, comme une mascarade électorale.[...] Les inscriptions étaient multiples, c'est-à-dire qu'il y avait des électeurs qui étaient porteurs de plusieurs cartes à la fois, deux, trois, quatre, voire même dix. L'encre n'était pas indélébile. Moi-même, j'ai voté et, avant d'arriver chez moi, l'encre était déjà effacée. Beaucoup de personnes régulièrement inscrites n'avaient pas trouvé leur nom dans aucune liste. Donc, dans l'ensemble, il y a eu beaucoup de gens qui auraient aimé participer à cette élection, mais ils n'en ont pas eu l'occasion »*[9]. Le Cardinal Tumi concluera plus tard que: *«S'il y avait demain une élection transparente, bien organisée, ceux qui nous gouvernent ne seraient plus là »* (cité dans Sando, 2005)[10].

Le 23 juin 2010, le magazine américain, *Foreign Policy* du groupe de presse du *Washington Post* a publié un article qui recense 40 dictateurs dans le monde actuel. Le président camerounais occupe ainsi la 23ème position de ce classement d'abord pour sa longévité au pouvoir (28 ans) et selon le magazine, par les *«multiples entraves au processus démocratique dont la transparence électorale n'a jamais*

---

[9] Propos recueillis par Christophe Boisbouvier le 24 octobre 2004. (Source : Rfi)

[10] La position du Cardinal Tumi semble avoir évolué récemment. Invité à évaluer le double scrutin législatives/municipales qui s'est tenu au Cameroun le 30 septembre 2013, le prélat a répondu ceci : « *Cela fait un bon moment que je n'ai pas vu d'élection au Cameroun aussi transparente. Je ne dis pas qu'il n'y a pas eu d'irrégularités. Certaines personnes regrettent même de ne s'être pas inscrites sur les listes électorales »*. Source : *L'Effort camerounais* : Interview publiée par le site *Camer be* le 22 décembre 2013. /En ligne]. Extrait le 25 décembre 2013. .http://www.camer.be/30845/11:1/cameroun-cameroun--christiancardinal-tumi-je-ne-veux-pas-etre-identifie-a-un-parti-politique-quil-soit-de-lopposition

été une garantie dans le pays où l'organe en charge des élections reste sous le contrôle des cadres du parti présidentiel, le RDPC »[11]. L'organisation de l'élection présidentielle du 9 octobre 2011 à l'étranger aura-t-elle servi à gommer cette image notamment en séduisant un électorat qui, en l'absence d'études fiables, était décrit comme hostile au pouvoir mais largement favorable à l'opposition.

Espoirs et craintes du vote à distance

Le débat sur la citoyenneté externe, le droit de vote des Camerounais de l'étranger et la double nationalité s'est accéléré dans les années 1990 lorsque le Cameroun est entré dans un cycle de réformes électorales successives notamment des organismes en charge de l'organisation des élections (ministère de l'Administration territoriale, ONEL, ELECAM) permettant aux émigrés camerounais d'inscrire leur demande dans un contexte de réforme plus générale du système électoral. Cette demande s'est accrue à l'annonce de la mise en place du Sénat institué par la Constitution du 18 janvier 1996 donnant l'espoir aux Camerounais de l'étranger d'être représentés au parlement. Les premiers signes d'écoute des revendications de la diaspora pour une participation électorale apparaitront en 2000, lorsque l'ONEL, organisme chargé des élections à cette époque avait émis le vœu de voir instaurer pour l'élection présidentielle de 2004 le vote des Camerounais résidant à l'étranger. Depuis les années 2000, la revendication d'une participation politique des Camerounais de la diaspora se fait entendre de plus en plus fort surtout dans les communautés camerounaises installées en Occident.

Les stéréotypes sur la population émigrée et ses préférences politiques

Jusqu'à la publication des résultats de l'élection présidentielle du 9 octobre 2011, la perception que l'on avait des opinions politiques et du vote des Camerounais de l'étranger semblait accorder une grande importance à la composition ethnique de la diaspora camerounaise et, particulièrement, à l'importance numérique de certaines tribus et groupes pouvant influencer l'orientation de ce vote. La composition de la diaspora camerounaise ne reflète pas en effet, en termes d'origine ethnique, la diversité de la population d'un pays qui compte plus de 250 ethnies. Les migrants en provenance de l'ouest du Cameroun et des grandes villes, telles que Douala et Yaoundé, sont

---

[11] *Source* : Léger Ntiga, *Mutations* du 8 juillet 2010

plus fortement représentés. Des niches d'émigration regroupant majoritairement des ressortissants de certaines provinces ou de certaines ethnies se sont d'ailleurs constituées à travers le monde. En Allemagne par exemple, les ressortissants regroupés sous le label générique « Bamiléké » de l'Ouest du Cameroun sont le groupe le plus nombreux. Aux États-Unis et en Angleterre, ce sont les Camerounais originaires des régions « anglophones » à l'instar du Nord-Ouest et du Sud-Ouest qui prédominent. De façon générale, les ressortissants des régions du Nord Cameroun sont peu représentés dans les communautés émigrées en Europe et en Amérique. On les retrouve cependant plus nombreux au Nigeria et dans les pays du Nord de l'Afrique et du Moyen Orient de confession islamique. Malgré l'absence de statistiques fiables, on peut estimer que ce sont les ressortissants des régions de l'Ouest, du Nord-Ouest et du Sud-Ouest du Cameroun qui se retrouvent majoritairement en migration.

Des clivages apparaissent aussi dans les communautés camerounaises expatriées surtout dans le mode d'organisation des associations de migrants en fonction de l'origine de leurs membres, c'est-à-dire par régions, villes, groupes ethniques, dans leur orientation politique et leur proximité ou distance par rapport au gouvernement, ainsi que dans leurs orientations sociales ou professionnelles. Par ailleurs, les préjugés établis au Cameroun entre anglophones et francophones poursuivent les Camerounais jusque dans la migration (Saague, 2004). Ces clivages et ces cloisonnements ont alimenté les spéculations sur le résultat à l'étranger de l'élection présidentielle du 9 octobre 2011, les Camerounais expatriés étant préjugés favorables à l'opposition (Wongo Ahanda, 2012).

Transnationalisme et participation politique des migrants camerounais

Le principal enjeu de la communication politique se situe dans la sélection des thèmes et des problèmes sur lesquels se règlent les affrontements idéologiques, puisque tous les discours politiques n'entrent pas dans la communication politique. Seuls en font partie ceux qui provoquent les affrontements entre les trois dimensions de la démocratie : l'information, la politique et la communication. Le principal enjeu de la communication politique reste donc de faire adhérer l'opinion publique pour permettre la décision, l'action politique.

Neutraliser l'opposition de l'extérieur et à l'extérieur

La communication gouvernementale dans une réaction de nationalisme gouvernemental a, depuis l'indépendance, travaillé à neutraliser les Camerounais de l'extérieur et les gouvernements des pays étrangers accueillant généralement des migrants et des réfugiés politiques qui essayaient d'exercer des pressions sur le Cameroun. La participation politique des diasporas s'est toujours faite en fonction du degré de démocratisation de la patrie d'origine. La théorie (Barry, 2006 ; Collyer et Vathi, 2007 ; Levitt et de la Dehesa, 2003 ; Lafleur, 2009) qui veut que l'extension du droit de vote à l'extérieur soit envisagée non comme une faveur des autorités du pays d'origine à l'égard des émigrés mais comme une lutte d'influence entre acteurs politiques externes et internes pour étendre ou préserver leur pouvoir semble pouvoir s'appliquer au Cameroun.

L'étranger a en effet historiquement constitué le lieu où se retrouvent les opposants au régime en place au Cameroun. Dans les années qui précédent l'indépendance, cette opposition était essentiellement constituée des tout premiers étudiants boursiers notamment installés en France et des membres de l'Union des Populations du Cameroun (UPC) dissoute en 1955 et dont les responsables avaient pu s'installer à l'étranger dans divers pays en Afrique de l'Ouest (Guinée, Ghana), en Égypte et dans les pays du bloc de l'Est (Chine, URSS) notamment. En fait, le rôle de la diaspora à cette période s'était principalement limité au combat pour l'indépendance de leur pays d'origine. Pendant que les jeunes étudiants proches idéologiquement ou animateurs des organes de l'UPC se mobilisaient en Europe, leurs aînés multipliaient des stratégies afin de s'imposer dans l'espace public international (Tchaptchet, 2006). La conséquence de la virulence de cette opposition est la radicalisation du gouvernement à l'endroit des membres de l'UPC mais aussi des étudiants qui épousent leurs idées. C'est ainsi qu'après leurs études, un grand nombre d'étudiants camerounais craignant pour leur vie, resteront à l'étranger pour continuer à manifester leur opposition.

L'État Camerounais voit et comprend la présence de ses ressortissants à l'étranger comme le symbole d'une fuite des réalités locales, un repli dans les pays de droits devant faciliter leur organisation dans l'unique objectif de renverser le pouvoir en place. Les actions de séduction ou de répression ne taisent pas et ne tuent pourtant pas les contestations estudiantines (Mbengue Nguime, 2005) ou les oppositions symboliques comme celle d'Abel Eyinga, intellectuel résidant en France, candidat en 1970 à la Présidence de la

République[12]. Au contraire, elles font naître et développer toute une littérature originale et sans complaisance, qualifiée à Yaoundé de "subversive", et donc censurée par voie de conséquence[13]. On assiste alors à l'émergence - à côté du véritable maquis (la lutte armée au Cameroun) - d'un « maquis intellectuel ». Toute opposition politique ayant été interdite à l'intérieur du pays par le régime Ahidjo, la plupart des opposants se déplacent et se manifestent désormais de l'étranger. C'est le Président Paul Biya qui lancera un appel au retour des exilés dès son arrivée au pouvoir en 1982. Appel largement suivi par de très anciens exilés tels que Woungly Massaga, Mongo Beti, etc. Mais indépendamment de ces retours, une nouvelle vague d'opposants va encore prendre le chemin de l'exil du Cameroun, contraint ou volontaire, plus récemment durant les premières années de la démocratisation au début de la décennie 1990.

Les revendications de citoyenneté externe

Depuis l'indépendance du Cameroun, les citoyens résidant à l'étranger restaient de fait exclus de la participation effective à la vie politique camerounaise. Ils ne pouvaient pas voter aux élections à l'extérieur du Cameroun et n'étaient pas représentés à l'Assemblée nationale. À quoi s'ajoutait l'absence, depuis un demi-siècle et jusqu'au premier semestre 2010, d'un dialogue structuré et d'une concertation transparente entre les autorités publiques et les citoyens camerounais à l'étranger[14]. L'implantation de partis politiques camerounais notamment le Rassemblement Démocratique du Peuple Camerounais (RDPC), le Social Democratic Front (SDF) en France, en Allemagne, au Royaume Uni et aux États Unis et l'activisme transnational des mouvements politiques camerounais en Europe, en Amérique et sur Internet va ensuite permettre d'augmenter l'importance de la question du droit de vote à l'extérieur sur la scène politique camerounaise.

Le RDPC, parti au pouvoir créé en 1985, bien qu'étant le parti le mieux représenté et structuré à l'étranger (Manga Edimo, 2008) s'est longtemps montré méfiant vis-à-vis du vote des Camerounais de l'étranger, estimant qu'il lui serait hostile. Ce parti s'est aussi

[12] Abel Eyinga, (1978), *Mandat d'arrêt pour cause d'élections. De la démocratie au Cameroun (1970-1978)*, Paris, L'Harmattan.

[13] *Main basse sur le Cameroun* de Mongo Beti sera ainsi saisi depuis la France où il parait en 1972

[14] La Présidence de la République du Cameroun a envoyé en mai 2010 une « mission d'écoute de la diaspora » dans les principaux pays d'émigration des Camerounais : France, Belgique, Allemagne, Grande Bretagne, Canada, États Unis.

historiquement porté vers un discours nationaliste qui l'encourageait à garder ses distances vis-à-vis de certains grands pays d'immigration (États-Unis, France, Allemagne, Grande Bretagne). Ouvrir le droit de vote aux citoyens résidant dans ces pays, c'était courir le risque d'importer la contestation du pouvoir établi et, au-delà, l'ingérence étrangère dans la politique camerounaise[15]. La section RDPC de France constate pourtant au début des années 2000 chez une majorité d'États la reconnaissance pour les nationaux de l'étranger du droit de suffrage et d'éligibilité à travers le monde et perçoit le risque de se faire déborder par les partis d'opposition dont les revendications de citoyenneté externe rencontrent l'adhésion de la majorité des Camerounais expatriés, citoyens camerounais ou désormais citoyens d'un autre pays.

Les Camerounais expatriés plaident désormais pour une conception ouverte du droit de la nationalité admettant notamment la possibilité juridique et pratique d'une autre nationalité. La revendication de la double nationalité concerne également l'éligibilité notamment celle aux hautes fonctions de l'État (présidence de la république ou parlement) souvent conditionnée par une obligation de résidence sur le territoire national. Les Camerounais de l'étranger estiment, d'après ces revendications, qu'ils sont très bien placés pour éveiller leurs compatriotes restés au Cameroun sur les disfonctionnements des systèmes mis en place au pays, et effectuer un transfert de savoir-faire démocratique, compte tenu de leur vécu plus riche dans les pays d'émigration. C'est le sens que prend pour eux le vote à l'extérieur.

Un lobbying anti-régime efficace face à une communication politique obsolète

Les partis, les associations et les mouvements hostiles ou opposés au pouvoir n'ont pas désespéré de la possibilité d'un changement politique pacifique au Cameroun dans la transparence du système

[15] René Sadi, secrétaire général du Comité central du Rassemblement démocratique du peuple camerounais, considérait en juin 2011, quatre mois avant l'élection présidentielle, que la volonté plus ou moins ouverte des Etats-Unis et de la France de faire partir le président Paul Biya du pouvoir est une ingérence dans les affaires camerounaises. Pour lui, « *C'est aux Camerounais d'apporter des solutions à leurs problèmes... Nous sommes mieux placés pour savoir ce que nous voulons, ce qui est bon pour nous. Seuls les Camerounais peuvent avoir le dernier mot sur la direction que va prendre leur pays* », assène-t-il le 11 juin 2011 lors d'un meeting. À la suite de ces déclarations, l'ambassadeur de France au Cameroun et le ministre français de la Coopération seront amenés à déclarer que la France ne soutient aucun candidat à l'élection présidentielle du 9 octobre 2011.

électoral intégrant les citoyens expatriés. Mais à l'annonce de l'instauration de ce vote, la crainte est née qu'il ne reproduise les tares réelles ou supposées des élections au Cameroun qui ont amené la communauté internationale à critiquer régulièrement le pouvoir camerounais, jetant le doute sur la réalité de la démocratie camerounaise et sur la légitimité de ses dirigeants.

Le lobbying anti-régime de l'exopolitie camerounaise

Depuis vingt ans l'opposition camerounaise n'a cessé de chercher des partenaires internationaux (Ebolo, 1996) dans une démarche qui participe à la fois de la quête de légitimation internationale, de la volonté de déstabilisation du pouvoir en place et de l'espoir de jouir - une fois au pouvoir - des rapports privilégiés avec les principales composantes de la communauté des bailleurs de fonds et des communautés camerounaises à l'étranger. Les espoirs placés dans le vote des Camerounais de l'étranger tant en termes numérique qu'idéologique en faisait la clé de l'alternance. Les actions politiques menées par des migrants camerounais forcés ou en exil en vue de contester la politique menée par leur pays d'origine que Dufoix (2002) qualifie d'exopolitie[16] ont pour stratège principal le Collectif des Organisations Démocratiques et Patriotiques de la Diaspora (C.O.D.E) formé par d'anciens étudiants de l'Université de Yaoundé réfugiés en Europe dans les années 1990. Ce mouvement intègre aussi de façon ponctuelle ou régulière selon les modalités de l'action, des partis politiques d'opposition camerounais représentés en Europe et en Amérique du Nord, le Social Democratic Front (SDF), le Mouvement Progressiste (MP), des anciens exilés politiques, défendant la ligne dite historique et originelle de l'Union des Populations du Cameroun (UPC), ou des dissidents au pouvoir[17]. Le collectif reçoit régulièrement l'appui et le soutien d'organisations politiques et de défense de droits de l'homme au Cameroun et d'organisations non gouvernementales françaises, à l'image de « Survie », engagées dans la lutte contre la « Françafrique ».

---

[16] Le concept d'exopolitie a été lancé par Stéphane Dufoix dans son ouvrage « Politiques d'exil » qui prend exemple des opposants aux régimes communistes de Hongrie, de Tchécoslovaquie et de Pologne réfugiés en France du temps de la « guerre froide ». L'auteur propose une analyse des communautés réfugiées et de leur vie politique en exil. L'exopolitie sert à délimiter les contours de ces groupes sociaux, qui ont leur vie propre, avec des règles et un espace politique spécifiques, destinés à compenser leur absence de légitimité.

[17] C'est le cas de Milla Assoute, ancien député du Rassemblement Démocratique du Peuple Camerounais entré en dissidence et installé en France.

Le CO.D.E. a fait de la participation politique et particulièrement des élections au Cameroun et à l'étranger, le thème majeur du lobbying anti-régime et anti-Biya qu'il mène en Europe, en Amérique et sur la Toile au point d'organiser des votes symboliques à l'étranger dont le premier fut organisé sur l'Esplanade des droits de l'homme à la place du Trocadéro à Paris le 10 octobre 2004, à la veille de l'élection présidentielle. Ce vote s'ajustait aux stratégies habituelles du collectif, à savoir frapper les esprits à l'occasion d'une visite du Chef de l'État, ou à l'approche d'un scrutin au Cameroun en relevant à travers la transparence du scrutin, les résultats plébiscitaires en faveur de l'opposition, donc de l'alternance. L'intention est claire : souligner via le refus du vote des Camerounais de l'étranger l'absence de modernité démocratique, l'iniquité du processus électoral et la corruption du régime.

La stratégie de lobbying anti-régime à l'étranger consiste non seulement à viser les décideurs politiques et économiques mais aussi l'opinion publique des pays de refuge ou d'immigration, de manière à créer les consensus favorables aux intérêts du mouvement ou du groupe. En se référant à l'analyse de l'action collective des groupes d'intérêt faite par Grossman et Saurugger (2006) et à la pratique observée dans les pays de migration en Europe et en Amérique, les lobbies de migrants camerounais opposés au régime combinent plusieurs modes d'action mêlant les principaux éléments qui suivent :

- Démarchage afin de créer des contacts avec des membres des gouvernement, des parlementaires et des hauts fonctionnaires des pays d'immigration ou d'asile en vue de favoriser des interventions, des condamnations et des sanctions contre le régime en place ;
- Fourniture d'analyses et de preuves aux commissions parlementaires des pays d'accueil ;
- Participation à des auditions[18] et des concertations ou à des comités d'experts ;
- Veille informationnelle en surveillant à la fois l'action politique du pays d'accueil et la politique étrangère du pays d'origine (visites de chefs d'État ou de gouvernement, négociation d'accords ou d'octroi de crédits) pour pouvoir réagir très rapidement ;
- Recours aux médias (conférences de presse, campagne de presse, introduction de sujets et de leur problématique dans les médias, critique des objectifs recherchés par des leaders d'opinion)

[18] Des membres du Collectif ont ainsi été reçus par des responsables de l'Union européenne à Bruxelles, par des députés de l'Assemblée nationale française et par des responsables du Département d'État américain à Washington.

- Formation de coalitions avec les associations de même nature et de même objectif ;
- Pétitions, campagnes de lettres, appels (au gouvernement, aux parlementaires) ;
- Actions d'éclat, manifestations, événements ;
- Recours aux procès à l'étranger de dirigeants et de personnalités du pays d'origine ;
- Animation de sites internet.

En utilisant les nouvelles stratégies de lutte des mouvements altermondialistes et des mouvements « transgressifs » (Sommier, 2003), le C.O.D.E. exploite ainsi depuis plusieurs années en Occident de façon optimale les technologies de l'information et de la communication (Egre, 2002) et maximise l'impact de ses messages via les relais médiatiques locaux, le ciblage des médias occidentaux critiques à l'égard des régimes africains et camerounais principalement. L'action du C.O.D.E intègre aussi un contact permanent avec différentes structures gouvernementales, personnalités, organisations politiques et institutions européennes ou basées en Europe. Elle s'inscrit dans une perspective de diplomatie non gouvernementale (Rouillé D'Orfeuil, 2006), d'élargissement du champ d'activité des ONG internationales dans le domaine de la promotion des droits de l'homme, de la gouvernance et des valeurs démocratiques, de la sensibilisation de l'opinion publique internationale. L'action des organisations contestataires s'est déportée depuis quelques années sur le terrain judiciaire à travers le dépôt de plaintes contre le président Paul Biya pour « recel de détournement de fonds publics » dans le sillage des affaires dites des « biens mal acquis » concernant des chefs d'État africains. La perception en Occident du Cameroun à la fois comme pays corrompu, totalitaire et gouverné par un despote a pu se trouver renforcée par le discours de « victimisation » des mouvements transgressifs opérant à l'extérieur du Cameroun et sur Internet.

Une communication gouvernementale obsolète

En réponse au lobbying anti-régime, la communication gouvernementale camerounaise relative aux élections et à la légitimité des dirigeants élus a toujours été plus défensive qu'offensive. Le recours aux témoignages publics largement amplifiés des observateurs internationaux marquant leur satisfaction pour le déroulement des scrutins n'a jamais pu couvrir en effet les voix discordantes des partis d'opposition, des ONG et de certains leaders d'opinion dénonçant la mauvaise organisation ou les résultats falsifiés selon eux des votes. Le gouvernement a souvent contre attaqué en publiant des encarts et des publi-reportages dans les journaux étrangers et en disqualifiant les accusateurs ou en minimisant les critiques[19]. Dans ce contexte, l'instauration et l'organisation en 2011 du vote à distance des Camerounais de l'étranger s'inscrivent donc dans une logique d'innovation symbolique où la construction de l'image rejoint les impératifs du marketing et de la communication politique en direction de la communauté nationale, des communautés expatriées et de la communauté internationale.

En juillet 2009, lors d'un voyage officiel en France et sa rencontre à Paris avec les Camerounais de la diaspora, le président Paul Biya avait fait à l'intention de ses compatriotes de l'extérieur une déclaration qui allait alimenter bien des espoirs sur la participation électorale des Camerounais de la diaspora. « *J'ai pris bonne note de vos doléances et de vos souhaits concernant notamment votre participation au prochain vote électoral et aussi le problème de la double nationalité. Ils ont retenu mon attention et feront l'objet d'un examen objectif et rapide, en vue d'y apporter des réponses adéquates* »[20]. La première réponse arrivera au mois de juillet 2011 avec l'adoption par l'Assemblée Nationale réunie en session extraordinaire du projet de loi sur le vote des Camerounais de l'étranger. Les citoyens camerounais de l'étranger vivant dans les pays disposant d'une représentation diplomatique, peuvent désormais participer à l'élection du président de la République et au référendum. Le fait que ce vote des citoyens de l'étranger n'a jamais été un sujet majeur dans l'agenda du gouvernement camerounais au cours des deux dernières décennies fait de son instauration et de son organisation un évènement et une action de communication politique à l'extérieur en direction de l'opinion internationale et de la communauté nationale expatriée qui réclamait l'élaboration d'une politique de diaspora telle que pratiquée par d'autres pays africains, notamment ceux d'Afrique de l'Ouest comme le Mali, le Sénégal ou le Bénin.

---

[19] En octobre 2004, Jacques Fame Ndongo, le ministre camerounais de la communication accuse Radio France Internationale de "parti pris inadmissible" dans la couverture de l'élection présidentielle du 11 octobre 2004 pour avoir donné la parole au seul cardinal Christian Tumi qui critique le déroulement du scrutin alors qu'une interview faite au Pasteur Mfochive, président de L'Église évangélique du Cameroun qui lui loue le déroulement du scrutin n'a pas été diffusée.

[20] Extrait du discours du 29 juillet 2009 à Paris devant la communauté camerounaise en France.

L'élection présidentielle du 09 octobre 2011 : un scrutin de démonstration

L'élection présidentielle du 9 octobre 2011 a ainsi donné l'occasion aux Camerounais de l'étranger d'exercer pour la première fois leur droit de vote. Le principal et premier motif de dévalorisation du scrutin à l'étranger concerne généralement la faible participation électorale. En 2011, à l'annonce de l'élection présidentielle, on estimait que si les inscriptions sur les listes électorales atteignaient le chiffre de 5% de la population émigrée estimée à 4 000 000 d'individus, cela devrait porter l'électorat extérieur à 200 000 électeurs, soit 3% de l'électorat camerounais. On s'apercevra cependant, que le fossé souvent constaté entre les demandes assourdissantes de participation politique des migrants et l'acte civique de participation électorale lorsque le vote à distance est instauré est bien réel.

Une participation réduite mais à forte valeur symbolique

Au Cameroun, le débat sur le droit de vote à l'extérieur a d'abord porté sur son institution. Les principales critiques tenaient compte de la qualité des Camerounais concernés par la loi. Selon la loi sur la nationalité, un Camerounais qui a acquis une autre nationalité, perd en effet dans le même temps la nationalité camerounaise. « *Près de 80% de ces compatriotes, pour des raisons évidentes d'intégration et d'autres contraintes, ont pris une autre nationalité, sans pour autant renier leurs parents restés au pays, et encore moins leurs origines camerounaises. Si le gouvernement veut être clair et sincère, il doit d'abord abolir cette disposition qui d'ailleurs est à tête chercheuse* »[21], déclare Albert Dzongang, un des candidats à l'élection présidentielle. L'institution du vote de la diaspora ne serait qu'une manœuvre de plus pour le régime en place. *« En conséquence,* soutient Thierry Amougou, président de la Fondation Moumié et membre du mouvement d'activistes le CODE, *le droit de vote accordé à certains Camerounais de la diaspora est une pitance politique car les plus nombreux sont ceux qui ont perdu leur nationalité camerounaise afin de s'intégrer dans leur pays d'accueil* »[22].

---

[21] Cité par par Idriss Linge « Vote de la diaspora camerounaise: La loi adoptée » In *Le journal du Cameroun* du 12/07/2011, http://www.journalducameroun.com/article.php?aid=9329

[22] Thierry Amougou, « Présidentielles camerounaises de 2011 : La fondation Moumié remet le débat à l'endroit (II) » In : *Le journal du Cameroun* du 27/07/2011 ; http://www.journalducameroun.com/article.php?aid=9426

La mise en place des démembrements d'Elecam, l'organe électoral à l'étranger, leur composition faite essentiellement de diplomates et la localisation des bureaux de vote dans les ambassades et les consulats ont ramené les critiques sur l'institution électorale socialement et politiquement monocolore et ne pouvant se targuer d'aucune indépendance. Quelques difficultés et couacs ont été recensés dans le déroulement des opérations électorales[23]. Cependant, ces difficultés semblent provenir plus d'une maîtrise approximative du processus électoral que de la volonté de modifier les résultats du vote. Le faible nombre d'inscrits et, plus tard, de votants par rapport au nombre de migrants décrié par l'opposition peut trouver une première explication dans le délai très court laissé aux citoyens de l'étranger pour s'inscrire sur les listes électorales[24]. Les électeurs potentiels ont eu à peine deux semaines pour s'inscrire sur les listes qui ont été clôturées le 30 août 2011, jour de la convocation du corps électoral. Par ailleurs, la précarité financière dans laquelle vivent de nombreux citoyens expatriés a pu les exclure du scrutin[25].

Pour certains analystes et commentateurs, ce vote n'est rien moins qu'une opération de communication de Paul Biya. « *Il donne l'impression d'être ouvert, sensible à l'appel de ses compatriotes de la diaspora, mais en même temps, il ne leur donne pas la possibilité d'exercer pleinement leur devoir civique. Il fait plaisir à la communauté internationale sans céder sur le fond. En vérité, les résultats du vote des Camerounais de la diaspora n'auront aucun impact sur les résultats globaux et définitifs de la présidentielle du 9 octobre 2011* »[26]. Pourtant, ce vote a pour d'autres une haute valeur symbolique. *[...] beaucoup* (de Camerounais de l'étranger) *n'ont jamais mis un bulletin de vote dans l'urne. On y trouve en particulier*

---

[23] « *On a quelques difficultés avec la diaspora, parce qu'ils ne nous ont envoyé que les procès-verbaux. Pas de rapports, ni les synthèses générales. En dehors des décomptes qu'ils nous ont donnés, ils n'ont pas fait les pourcentages. C'est nous-mêmes qui sommes en train de le faire* », relève Clément Atangana, le président de la Commission nationale de recensement général des votes. Clément Atangana cité par David Houstin de *Xinhua* le 14 octobre 2011.

[24] Les 24 372 votants ayant pris part au scrutin ont exercé leur droit de vote dans 79 bureaux, les plus nombreux par pays étant au Gabon (13), en Guinée Équatoriale (7), au Nigeria (5), au Tchad (4), en Arabie Saoudite (4), dans les Émirats Arabes Unis (3), en France (5), en Suisse (3), et aux États-Unis (4).

[25] Il en coûterait par exemple 298 euros pour un électeur habitant Stuttgart à venir voter à Berlin ou 286 dollars pour un électeur habitant Chicago à venir voter à New York.

[26] Source : Michel Moussault Moussala, (2011), « Présidentielle 2011-Stratagèmes : Vote de la diaspora Les petits calculs de Paul Biya ». [En ligne] Extrait le 25/12/2013. http://www.kongossa.fr/index.php/dossiers/presidentielle-2011/3702-presidentielle-2011-stratagemes-vote-de-la-diaspora-les-petits-calculs-de-paul-biya

des parents qui se souviennent des votes par correspondance pour désigner leurs délégués dans les établissements scolaires, d'autres pourraient évoquer les élections syndicales. Pour ces Camerounais qui n'ont jamais choisi leur Président de la République, il s'agit d'une grande première et pour les plus anciens peut-être leur dernière occasion de choisir un homme ou une femme pour un mandat de 7 ans»[27]. Sur le plan de la communication, raviver le sentiment d'appartenance à la communauté nationale est universellement un argument porteur de nationalisme chez les expatriés.

L'élection présidentielle du 9 octobre 2011 a aussi permis l'exposition de la vision que les médias occidentaux ont du Cameroun et de son chef d'État. Dans la presse française, Paul Biya, le président du Cameroun était déjà souvent dépeint comme un « despote » dénué de toute légitimité démocratique. Dans *L'Humanité* du 5 octobre 2011, Rosa Moussaoui présente le chef de l'État camerounais comme un « *dictateur en campagne* ». Le 8 octobre 2011, Vincent Hugeux dans *L'Express* prédit « *Une élection pour rien au Cameroun* ». Philippe Bernard et Christophe Châtelot écrivent dans *Le Monde* du 10 octobre 2011 : « *Le 9 octobre, les Camerounais ont voté lors d'une présidentielle dont l'issue - la réélection de Paul Biya, autocrate "ami de la France" au pouvoir depuis vingt-neuf ans - ne fait guère de doute* ». Le même jour, dans *Libération*, Fanny Pigeaud titre « *Paul Biya, roi fainéant à perpétuité* ». Ces opinions montrent l'enjeu de l'organisation et du résultat de ce scrutin à l'étranger dont l'objectif est de modifier une image sérieusement dégradée de celui qui exerce le pouvoir au Cameroun et du processus qui lui a permis de l'exercer si longtemps.

À la recherche d'un « vote ethnique » en expatriation

Au Cameroun même, la perception que l'on avait de la participation électorale des Camerounais de l'étranger faite de peurs, de méfiance, et de fantasmes semblait accorder une grande importance à la composition ethnique de la diaspora camerounaise. On prédisait que l'importance numérique en migration de certaines tribus et groupes ethniques pourrait orienter le vote des Camerounais de l'extérieur en faveur ou contre tel ou tel candidat. Ainsi, supputant sur le vote des composantes ethnico-géographiques de la diaspora

[27] Simon Tedga, « Présidentielle 2011: Les enjeux du vote de la diaspora », *Cameroun Info.net* du 01 septembre 2011. [En ligne] Extrait le 25/12/2013.http://www.cameroon-info.net/stories/0,29343,@,presidentielle-2011-les-enjeux-du-vote-de-la-diaspora.html

composée majoritairement dans certains pays de ressortissants de certaines régions du Cameroun, un hebdomadaire de Douala prédisait trois mois avant la présidentielle 2011 que « *Le danger pour Paul Biya peut venir du Nigeria voisin avec les deux millions de Camerounais qui y résident. On suppose qu'ils vont donner majoritairement leur voix à Ni John Fru Ndi ou à Maïgari Bello Bouba, leader de l'UNDP et ministre d'État en charge des Transports s'il se présente à cette présidentielle* » (Moussala, 2011). Les deux candidats donnés vainqueurs au Nigeria anglophone et de confession majoritairement musulmane sont un anglophone (Ni John Fru Ndi) et un fulbé musulman du nord Cameroun (Maïgari Bello Bouba) dont l'ethnie peuple un territoire à cheval entre le Cameroun et le Nigeria. Finalement, le vote ethnique ne montrera son existence que dans le bureau de vote de Djeddah en Arabie Saoudite qui accordera majoritairement ses suffrages à Garga Haman Adji, musulman du Nord Cameroun[28].

L'échec des prescripteurs étrangers du vote

Après avoir revendiqué pendant des années le vote des Camerounais de l'étranger et organisé des votes symboliques, le C.O.D.E a pourtant curieusement appelé les Camerounais expatriés au boycott du scrutin du 9 octobre 2011 et donné des consignes de vote aux Camerounais de l'intérieur. Le paradoxe du vote c'est que c'est un acte personnel qui s'inscrit pourtant dans des démarches collectives, des cultures familiales et des traditions religieuses et/ou géographiques. Même quand le scrutin est libre, l'électeur vote rarement indépendamment des siens. Les Camerounais de la diaspora sont pour leurs familles des soutiens indispensables qui pourraient faire d'eux des prescripteurs d'opinion et de vote susceptibles d'influencer leur entourage resté au pays[29]. Selon Mbembe (1996), dans les conditions actuelles de rareté matérielle au Cameroun, les choix idéologiques des électeurs sont fortement influencés par les pressions alimentaires et ethniques. Le fait de donner de la nourriture

---

[28] *Source* : Élections Cameroon. (2012), *Rapport général sur le déroulement de l'élection présidentielle du 09 octobre 2011*. Yaoundé : Direction générale des élections.

[29] Un prescripteur en commerce et en marketing est une personne ou un groupe de personnes dont l'objectif est d'influencer le comportement du consommateur. Le prescripteur existe aussi en politique, particulièrement dans le rôle d'apporter des informations à l'électeur dans le but de le pousser à voter pour tel ou tel candidat ou tel ou tel programme. En Irlande, pays profondément catholique, les prêtres sont parmi les premiers prescripteurs de vote.

serait devenu une arme électorale d'appoint à l'appel ethnique (Nkwi & Socpa, 1997), jusque-là utilisée dans le jeu politique camerounais depuis les premières élections à candidatures multiples de 1992. Fort de cela et dans la logique du lobbying anti-régime mené par les mouvements de l'opposition camerounaise à l'extérieur, on a assisté dans les jours qui ont précédé le scrutin à une mobilisation sur Internet tentant d'amener les Camerounais de l'étranger non seulement à boycotter le scrutin, mais aussi à influencer le vote au Cameroun. Les effets du transnationalisme économique décrits par Shain (2007) semblaient pouvoir induire dans la diaspora des positions de prescription sur le vote au Cameroun.

Le résultat de l'élection peut être analysé comme un désaveu des prescripteurs étrangers du vote et comme un succès de la communication gouvernementale. On constate en effet un rapprochement du vote de l'extérieur avec le vote général des Camerounais de l'intérieur malgré les spécificités sociologiques des électorats, les appels au boycott et les prescriptions de vote venant de la diaspora. Ainsi, l'abstention (34,17% contre 33,57%) et le taux de participation (65,82% contre 66,43%) se révèlent à peu près identiques à l'intérieur du Cameroun et à l'étranger. En termes de performances, Paul Biya arrive en tête suivi de très loin par Ni John Fru Ndi à la fois au Cameroun et à l'étranger.

Le vote comme acte de rédemption citoyenne

En octroyant en 2011 le droit de vote aux Camerounais expatriés, le gouvernement camerounais semble avoir pris en compte une métamorphose de la diaspora camerounaise. Les Camerounais de l'extérieur se revendiquaient déjà comme une diaspora de progrès. Ils estimaient qu'ils sont désormais des acteurs importants du développement du Cameroun et méritaient par conséquent de participer pleinement à la vie politique camerounaise parce qu'ils étaient convaincus de la richesse de leur vécu. On estime que moins d'un Camerounais sur dix dans le monde avait déjà participé à un vote démocratique dans son pays de résidence avant le scrutin d'octobre 2011. Dans les vieilles démocraties européennes des pays d'immigration, la vie des noirs africains s'est lourdement dégradée. Au quotidien, ils sont les victimes de pratiques stigmatisantes et discriminantes issues du monde économique, de la presse, des politiques, des forces de l'ordre et, au final, des opinions publiques des pays de résidence. En Afrique centrale, les Camerounais résidant au Gabon et en Guinée Équatoriale font régulièrement l'objet d'expulsions. Dans ce contexte, le scrutin du 9 octobre 2011 a été perçu par des milliers de Camerounais, sous-citoyens dans leur pays d'accueil comme une rédemption citoyenne. Beaucoup d'électeurs ont déclaré qu'ils avaient voté pour la première fois de leur vie. Pour ces citoyens se sentant persécutés et menacés dans leur identité, voter était une profession de foi adressée à la société d'origine, un acte de résistance et un espoir d'envisager pour eux-mêmes et leurs proches un avenir au Cameroun.

Il est reconnu que le vote à distance constitue un facteur de préservation voire de promotion de l'identité nationale hors des frontières du pays. Le 9 octobre 2011, les réactions des électeurs camerounais à la sortie des urnes insistaient souvent sur le fait qu'à travers ce vote, ils retrouvaient leur camerounité et exprimaient leur volonté de ne pas donner l'occasion à des opportunistes et à des aventuriers d'ouvrir la porte au désordre au Cameroun[30]. L'inscription de la question du droit de vote à l'extérieur à l'agenda du Social Democratic Front le principal parti d'opposition camerounais et le plus connu à l'étranger et les actions de séduction de la diaspora menées depuis une décennie dans l'espoir d'obtenir le soutien des migrants n'ont pas apporté les gains électoraux espérés au regard du score de Ni John Fru Ndi arrivé en deuxième place à l'étranger avec seulement 10,72 % des voix, et même devancé dans certains pays par d'autres candidats moins connus. Appelés par les médias à justifier leurs choix, les Camerounais de l'extérieur déclaraient avoir choisi la paix et la stabilité contre le désordre. En se référant très souvent au « printemps arabe » et à la Côte d'Ivoire, Paul Biya constituait à leurs yeux le dépositaire et le garant de l'identité nationale qu'ils revendiquent avec fierté à l'étranger et qu'ils estimaient menacée par une communauté internationale aux aguets.

Conclusion

Le vote à distance des Camerounais de l'étranger s'inscrit donc dans la stratégie de communication internationale du Cameroun tant dans son institution, le déroulement sans critiques majeures du scrutin du 09 octobre 2011[31] et le résultat assez proche à l'intérieur et à l'extérieur obtenu par le président Paul Biya. L'innovation du vote des Camerounais de l'étranger est une réponse à une revendication

[30] 23 candidats étaient en lice pour l'élection présidentielle du 9 octobre 2011.

[31] On remarque ainsi par exemple le silence des médias français et internationaux sur l'élection présidentielle camerounaise du 9 octobre 2011 à l'étranger, comparativement au traitement journalistique de l'élection présidentielle ivoirienne du 28 novembre 2010 à Paris ou, plus récemment, du vote des Maliens de France lors de l'élection présidentielle du 28 juillet et du 11 août 2013.

ancienne et consensuelle des Camerounais expatriés comprenant l'éligibilité. Le gouvernement camerounais semble avoir compris que des millions de Camerounais relèvent, mais aussi appartiennent désormais à deux voire à plusieurs ordres juridiques et nationaux, avec ce que cela implique en droits et devoirs. La réforme législative instituant le vote des Camerounais de l'extérieur a permis de renouer le lien entre ces Camerounais et la nation camerounaise dont ils se sentaient parfois exclus. Au bout du processus électoral, le scrutin du 9 octobre 2011 à l'étranger nous apparait comme une action de communication transnationale d'envergure démontrant l'inanité des critiques et des accusations de déni démocratique et du trait particulièrement noir qui avait dessiné jusque là le régime politique camerounais, son système électoral et la légitimité du chef de cet État africain.

Depuis l'indépendance du Cameroun, l'objectif de la communication gouvernementale camerounaise a été comme le disait le président Ahmadou Ahidjo d'informer au-dedans et de persuader au dehors. La persuasion hors du Cameroun a, de façon continue, depuis l'accession de Paul Biya au pouvoir en 1984 travaillé à montrer que le Cameroun est un État démocratique et que le président régulièrement élu depuis 1992 l'est de façon honnête et transparente. Les candidats battus aux élections qui revendiquaient pourtant la victoire faisaient preuve de mauvaise foi. Le vote des Camerounais de l'étranger à l'élection présidentielle du 9 octobre 2011 est aussi un démenti à un stéréotype, celui d'une diaspora camerounaise composée essentiellement d'opposants au pouvoir de Yaoundé et dont la crainte du vote avait jusque là retardé son institution à l'extérieur pour les citoyens camerounais expatriés. On disait le président camerounais vomi par les Camerounais de l'étranger qui le rendraient responsable de leur migration. On présentait régulièrement Paul Biya comme un président « mal élu » et le Cameroun incapable d'organiser une élection honnête et transparente. Le vote à distance des Camerounais de l'étranger a certainement permis au pouvoir camerounais de se construire une image de pouvoir modernisateur capable de s'aligner sur les standards représentés par les pays africains permettant à leurs ressortissants basés à l'extérieur de voter. Enfin, le pouvoir camerounais a pu se présenter avec une crédibilité certaine après ce scrutin comme un pouvoir pratiquant la démocratie électorale de manière authentique. Le vote à distance des Camerounais de l'étranger apparait en fin de compte comme un acte de légitimation pour le régime. Il remplit, pour le moment, une fonction principalement symbolique qui est peut-être la raison d'être profonde de son instauration.

Références bibliographiques

BARRY, K. (2006) « Home and Away: the Construction of Citizenship in an Emigration Context". *New York University Law Review*. 81: 1, pp. 11-59.

COLLYER, M. and VATHI, Z. (2007). "Patterns of Extra-territorial Voting". Development Research Centre on Migration, Globalisation and Poverty, Brighton

DUFOIX, S. (2002), Politiques d'exil, Paris, PUF,

EBOLO, M. D. « Nationalisme gouvernemental et pressions extérieures dans le contexte de démocratisation : le cas camerounais », in *Polis. Revue camerounaise de Science politique,* Vol. 1, Numéro spécial, Février 1996

EGRE, P. (2002), « Internet, nouveau territoire de lutte pour les opposants politiques en exil», *Hommes et Migrations,* Numéro 1240 - novembre décembre 2002

Elections Cameroon (ELECAM) (2012). Rapport général sur le déroulement de l'élection présidentielle du 09 octobre 2011. Yaoundé : Direction générale des élections.

EYINGA, A., (1978), Mandat d'arrêt pour cause d'élections. De la démocratie au Cameroun (1970-1978). Paris, L'Harmattan.

GROSSMAN, E. et SAURUGGER, S. (2006), Les groupes d'intérêt. Action collective et stratégies de représentation, Paris, Armand Colin

HABERMAS, J., (1988), L'espace public. Archéologie de la publicité comme dimension constitutive de la société bourgeoise, Paris, Payot, rééd.

LAFLEUR, J.-M. (2009). « L'Extension des droits politiques aux citoyens vivant à l'extérieur du territoire national à l'ère de la migration transnationale ». European University Institute, Florence, Robert Schuman Centre for Advanced Studies. Working Paper RSCAS 2009/28.

LEVITT, P. and De la DEHESA, R. (2003). "Transnational Migration and the Redefinition of the State: Variations and Explanations". *Ethnic and Racial Studies*. 26: 4, pp. 587-611.

MANGA EDIMO, R. M. (2008). La Participation des diasporas camerounaises de France et de Grande Bretagne à la vie politique nationale : émergence et consolidation de la citoyenneté à distance. Mémoire de DEA en science politique. Université de Yaoundé II.

MBEMBE, A. (1996). « Une économie de prédation. Les rapports entre la rareté matérielle et la démocratie en Afrique subsaharienne ». In : *Foi et Développement*, 241 : 1-8.

MBENGUE NGUIME M. Les élèves et étudiants camerounais et la

question coloniale et nationale: 1925-1961, thèse de doctorat en Histoire, Université de Yaoundé 1, 2005
MOUSSALA, M. M. (2011). « Les Camerounais de l'étranger : la diaspora peut-elle voter en octobre prochain? » In : *Aurore Plus*, 12 juillet 2011 http://www.cameroon-info.net/stories/0,29036,@,les-camerounais-de-l-etranger-la-diaspora-peut-elle-voter-en-octobre-prochain.html.
MOUSSALA, M. M. (2011). « Présidentielle 2011-Stratagèmes : Vote de la diaspora. Les petits calculs de Paul Biya ». Extrait le 25/12/2013. http://www.kongossa.fr/index.php/dossiers/presidentielle-2011/3702-presidentielle-2011-stratagemes-vote-de-la-diaspora-les-petits-calculs-de-paul-biya
NGANANG, P. (2011). « Pourquoi Biya va perdre la guerre qu'il mène à la diaspora camerounaise » In : *Germinal*, Samedi, 23 Juillet 2011. http://germinalnewspaper.com/index.php?option=com_content&view=article&id
NKWI, P. N. and SOCPA, A. (1997). « Ethnicity and Politics in Cameroon. A Politic of Divide and Rule ». In: Regional Balance and National Integration in Cameroon. Lessons Learnt and the Uncertain Future, Monograph 1. Leiden-Yaoundé: ASC-ICASSRT: 138-149.
OLINGA, A. D. (2001). L'ONEL. Réflexions sur la loi camerounaise du 19 décembre 2000 portant création d'un Observatoire national des élections. Yaoundé : Presses de l'UCAC.
ROSANVALLON, P. (2006), La contre-démocratie : la politique à l'âge de la défiance, Paris : Seuil
ROUILLE D'ORFEUIL, H. (2006), La diplomatie non gouvernementale. Les ONG peuvent-elles changer le monde ? Paris, Les Editions de l'Atelier
SAAGUE, V. A. (2004). « Selbstorganisation von Flüchtlingen in der BRD ». In : Bechhaus-Gerst, Marianne/Klein-Arendt, Reinhard (Hrsg.) (2004). Afrikaner Innen in Deutschland und Schwarze Deutsche. Münster: Lit Verlag 2004, S. 247-256.
SANDO, H. (2005). « ECLAIRAGE: Ne pas s'inscrire sur les listes électorales, c'est être complice des injustices sociales ». In : *L'Effort camerounais.* [En ligne]. Extrait le 13 juin 2013. URL : <http://www.leffortcamerounais.info/2005/02/histoire.html>.
SHAIN, Y. (2007). Kinship and Diasporas in International Affairs. University of Michigan Press.
SOCPA, A. (2000). « Les dons dans le jeu électoral au Cameroun ». In : *Cahiers d'études africaines*, 157|2000. [En ligne], consulté le 23 juillet 2012. URL : http://etudesafricaines.revues.org/5
SOMMIER, I. (2003), Le renouveau des mouvements contestataires à l'heure de la mondialisation, Paris : Flammarion

TCHAPTCHET, J.-M. (2006). Quand les jeunes Africains créaient l'histoire : récit autobiographique. Tome deuxième, L'Harmattan, Paris,

TEDGA, S. Présidentielle 2011: Les enjeux du vote de la diaspora, *Cameroun Info.net* du 01 septembre 2011. [En ligne] Extrait le 25/12/2013.http://www.cameroon-info.net/stories/0,29343,@,presidentielle-2011-les-enjeux-du-vote-de-la-diaspora.html

WEINER, M. (1971). "Political Participation: Crisis of the Political Process", in Binder L., Colememan J. S., LaPamlombra J., Pye L. W., Verba S. *Crisis and Sequencies in Political Developpment,* Princeton, New Jersey: Princeton University

WOLTON, D. (1997), Penser la communication, Paris, FLAMMARION.

WOLTON, D. (1995), « La communication politique. Entre l'impensé, les a priori et les typologies » (Avant-Propos), *Hermès,* N° 238, Paris, CNRS Éditions.

WONGO AHANDA, A., « Les opinions politiques des Camerounais de l'extérieur. Jugements et préférences politiques des migrants camerounais de la Région parisienne en France », *Solon, Revue Africaine de Parlementarisme et de Démocratie*

LES GRANDS PROJETS DE DÉSALINISATION DES SOLS EN CASAMANCE : ENTRE ESPOIR ET DÉSILLUSION

Christian Thierry MANGA*

La Casamance, région naturelle la plus méridionale du Sénégal, se caractérise par un climat de type soudano-guinéen marqué par une alternance de saisons sèche et humide, des précipitations abondantes, une végétation luxuriante et un réseau hydrographique dense. Le sol est très sableux en profondeur et en surface, billonné sur la plus grande surface du bassin. D'une superficie de près de 30000 km2, la région porte le nom du fleuve qui la traverse d'est en ouest.

Le fleuve *Casamance*, qui prend ses sources dans une dépression, à Fafacourou, à plus de 350 km de la mer, constitue une véritable source de vie pour la région. Sa largeur est maximale en Basse Casamance, où il peut atteindre 8 km et où il se prolonge par un réseau complexe de chenaux de marée anastomosés, héritages des différentes transgressions marines.

La densité du réseau hydrographique, la fertilité des sols et l'abondance relative des pluies font de cette région, longtemps considérée comme le "grenier" du pays, une zone particulièrement favorable à l'agriculture et à la pêche, principales activités économiques. Ses potentialités naturelles ajoutées à une vieille tradition du riz chez une certaine frange de la population notamment les diolas, offrent des opportunités considérables de développement agricole peu et/ou mal exploitées.

* Docteur en Géographie, Université de Rouen, GéoSUDS, UMR IDEES 6266 – CNRS, **Email : christianthierry@yahoo.fr**

Figure 1 : (Cartographie du paysage de la Casamance par projection satellite/ 2009)

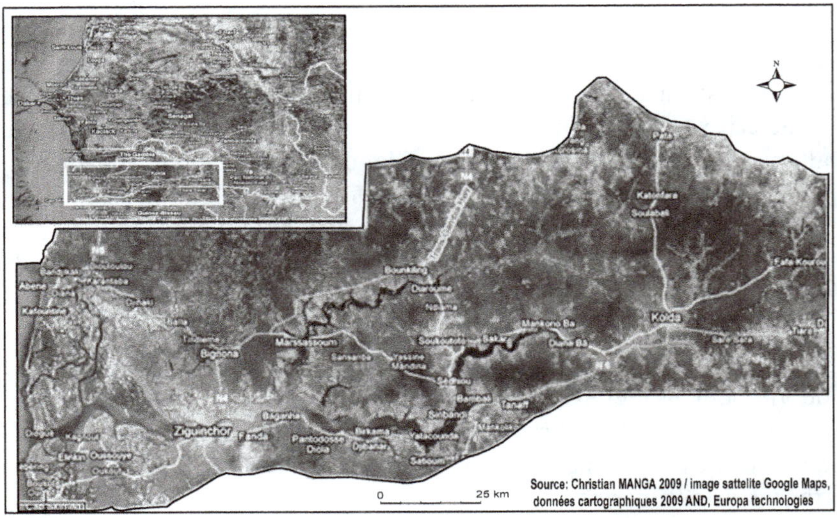

Source: Christian MANGA 2009 / image sattelite Google Maps, données cartographiques 2009 AND, Europa technologies

La sécheresse persistante qui a sévi dans les années post indépendance (1968-1985) dans les pays du Sahel a eu pour conséquences outre le déficit hydro pluviométrique et ses répercussions sur l'agriculture et l'économie locales, la prise de conscience de la nécessité de maîtriser et de gérer au mieux les ressources en eau existantes. Les désastres de cette variation climatique sur la population paysanne fut l'électrochoc qui a permis l'amorce, au sein des nouveaux états indépendants, de réflexions profondes sur les politiques agricoles à mener pour assurer l'autosuffisance alimentaire. C'est ainsi que dès la première phase de sécheresse, autour des années 1970, divers programmes ayant pour but la maîtrise et l'utilisation efficace des ressources en eau ont vu le jour, avec l'appui des bailleurs de fond et des organismes internationaux (banque mondiale, FMI,...). Dans les faits, il s'agit essentiellement des projets de constructions d'ouvrages hydro-agricoles pour augmenter les surfaces agricoles par la récupération des terres affectées par la salinisation. Celle-ci étant liée à l'avancée du front des eaux maritimes dans les cours d'eau et les aquifères.

La Casamance a largement bénéficié de ces projets avec notamment la construction entre autres des barrages anti sel de Guidel, Affiniam, Goudomp, Djiguinoum pour ne citer que ceux-là et dans une moindre mesure de nombreuses digues implantées un peu partout dans les affluents et bassins primaires. À première vue, la position subtropicale, le climat humide, le réseau hydrographique très dense de la Casamance garantissaient la pertinence de tout projet hydro-agricole dans cette partie méridionale du pays. Seulement les ouvrages (barrages, digues,...) construits à ce sujet sont aujourd'hui à différentes échelles, à l'origine de véritables problèmes écologique, environnemental et économique ; sans doute les signes d'un échec manifeste dont les prémices se sont manifestées avant même l'achèvement des projets.

Des projets hydro-agricoles ambitieux pour le développement de la Casamance

La dégradation des conditions climatiques en Casamance, avec une diminution de la pluviométrie, la faiblesse des crues des cours d'eau et la forte remontée des biseaux salés à l'intérieur des vallées ont eu comme conséquence majeure, la sursalure et l'acidification des sols alluviaux. Il convient de noter que le contexte physique de la région (monotonie du relief) est favorable à ce phénomène d'intrusion des eaux maritimes. En effet, les cours d'eaux de la Casamance sont caractérisés par des pentes faibles ; ce qui entraine un ralentissement de la dynamique fluviale malgré l'abondance des pluies. L'onde de marée remonte le lit du fleuve (*Casamance*) et de ses affluents jusqu'à une distance de 200 kilomètres à l'intérieur du continent contribuant ainsi à l'augmentation de la salinité des eaux et des sols. Les plus fortes concentrations mesurées étaient de l'ordre de 50 grammes par litre (salinité de l'eau de mer : 36 gr/l). Mais depuis 1972, les mesures de salinité maximale dépassent 100 grammes par litre. Une concentration de 154 grammes par litre a été mesurée à Djibidjone à 158 kilomètres de l'embouchure. La salinité a tendance à augmenter du fait du taux d'évaporation très élevé (de l'ordre de 2000 mm/ an) et de la faiblesse de l'écoulement, qui ne peut évacuer les sels qui s'accumulent dans la partie située en amont du bief maritime. (NDIAYE G., 2000)[1].

Si le phénomène n'est pas nouveau en soi, il a été néanmoins accentué par l'évolution climatique de ces dernières décennies. En effet, les mesures effectuées montrent que les plus forts taux de salinité ont été observés pendant les années sèches. Avant ces années, la salinité diminuait de l'embouchure vers l'amont. Les pluies

[1] NDIAYE Gora, « Problématique de l'avancée de la langue salée au Sénégal : aperçu sur la lutte contre les pertes en terres dans les zones côtières de la Casamance », Actes du séminaire international sur la lutte contre la désertification à Ndjamena du 30 octobre au 4 novembre 2000, MAB-UNESCO Zones Arides n°1, pp. 33-38.

directes, les apports de la nappe et le ruissellement liés à une pluviométrie abondante permettaient alors de repousser les biseaux salés. Depuis les décennies 1970 et 1980, les apports de la nappe ont considérablement diminué à cause de la baisse du niveau piézométrique consécutive à la baisse de la pluviométrie. Le gradient de salinité s'est inversé ; la salinité augmente de l'embouchure vers l'amont avec comme conséquence des milliers d'hectares de terres non exploitables.

Les effets néfastes de cette péjoration du climat sur les conditions de vie de la population paysanne, sur la répartition des ressources en eau du milieu et globalement sur l'économie locale, inquiètent les pouvoirs publics qui ont entrepris des mesures et des politiques visant à enrayer les processus de dégradation des sols et à favoriser l'intensification et la sécurisation de la production agricole dans les bas fonds. C'est dans ce contexte, que plusieurs projets hydro-agricoles furent retenus pour pallier au déficit hydro pluviométrique et ses répercussions sur l'agriculture et l'économie du pays.

En Casamance[2], les projets reposent avant tout sur la mise en œuvre d'ouvrages anti-sel (Barrages, digues anti-sel) pour dessaler et inonder les sols sulfatés acides et hydromorphes des bas fonds en vue de promouvoir des activités agricoles, plus précisément la riziculture très répandue dans cette région sud du Sénégal peuplée en majorité d'ethnies diola, manjack, mankagne, mandingue, baïnounk peul, balante etc.[3]. L'objectif principal de ces ouvrages était de mettre à l'abri de l'inondation maritime les rizières en amont, assurer une désalinisation progressive des terres et augmenter les superficies « rizicultivables » par la récupération des anciennes terres salées. Des projets n'ont pas tardé à voir le jour face à l'urgence de la situation car dès 1980, et ce jusqu'au début de des années 1990, l'état du Sénégal a initié un vaste programme de mise en valeur agricole avec la mise en place de plusieurs projets parmi lesquels :

- Projet de Guidel (barrage écluse),
- Projet d'aménagement du barrage d'Affiniam,
- Projet intégré de développement de la Casamance (PIDAC),
- Projet de développement rural de la Basse Casamance (DERBAC), qui a pris le relai du PIDAC,

[2] La région naturelle de Casamance et la vallée du fleuve Sénégal, qui réunissaient toutes les qualités et potentialités requises (présence d'un grand réseau de cours d'eau et de fleuves capable de drainer pendant toute l'année les vastes et riches bassins et vallées alluviales), ont été les deux zones retenues pour les projets hydro agricoles post- sécheresses.

[3] Les ethnies de la Casamance sont traditionnellement agriculteurs et pêcheurs et dans une moindre mesure éleveurs.

- Projet de gestion des eaux du sud (PROGES),
- Projet rizicole de Sédhiou (PRS),
- Projet de développement rural intégré de la Moyenne Casamance (PRIMOCA), qui a remplacé le PRS,
- Programme de lutte anti-sel (PRODULAS).

Bénéficiant de l'appui des Bailleurs de fonds (Banque Mondiale et FMI), ces projets ont également vu la participation d'organismes internationaux (USAID, ENDA, ORSTOM,...) et divers acteurs locaux du développement (SOMIVAC, ISRA, organisations paysannes). Les actions réalisées sont, entre autres, l'aménagement, sur les grandes vallées alluviales arrosées par de profonds cours d'eau, de grands barrages anti-sel, à l'instar des barrages d'Affiniam et de Guidel pour empêcher l'intrusion des hautes marées et la construction de digues anti-sels (Goudomp, Djiguinoum,...) sur les lits principaux des nombreuses petites vallées qui essaiment la région.

Les ambitions de moderniser et de développer le système agricole de la Casamance par des projets hydro agricoles se mesurent à la grandeur des ouvrages construits à cet effet mais aussi aux importants coûts financiers alloués à ces projets. Plus de 800 millions de francs CFA ont été nécessaires à la seule construction de l'ouvrage de Guidel opérationnel depuis 1982 et plus de 6 milliards de francs CFA à celui d'Affiniam inauguré en 1987. Le projet du barrage écluse de Guidel construit près du pont de Niaguis à environ 10 km au sud de Ziguinchor devait permettre non seulement de récupérer 1550 ha de terres salées mais aussi de promouvoir une agriculture moderne sur un rayon d'au moins 4000 ha autour de l'ouvrage alors que celui d'Affiniam était encore beaucoup plus ambitieux puisqu'il devait permettre autant que le précédent la mise en valeur de 12000 ha de terres (DIEDHIOU L., 2004). Dans les projets hydro-agricoles de moindre envergure – digues anti-sel – les ambitions agricoles étaient certes locales mais tous fonctionnaient sur le même principe et modèle et n'avaient que pour seule finalité faire de la Casamance une région agricole à haute productivité, le grenier du Sénégal devant assurer l'autosuffisance alimentaire du pays. Seulement devant de telles ambitions le rêve s'est vite transformé en désillusion, désespoir et d'échec en échec la gestion des ouvrages et des projets est devenue plus que jamais problématique.

Ouvrages fantômes : inadéquations et difficultés de gestion des barrages, les facteurs explicatifs d'une contre-performance

Le premier constat qui se dégage est le sentiment d'abandon, de désengagement des principaux gestionnaires de ces ouvrages. Que ce soit celui de Guidel, d'Affiniam ou dans une moindre mesure Goudomp, Djiguinoum, ou autres, ils sont tous confrontés à un problème de gestion, de manque de ressources. Les difficultés d'entretenir ces ouvrages laissent à penser que L'État et ses principaux partenaires (la république de chine, le Danemark, le FMI, la Banque Mondiale,...) avaient vu grand en ces projets très précipités sans pour autant trop penser à leur gestion future, à leur viabilité. Les premières difficultés sont survenues dès la phase de construction des ouvrages car les prévisions budgétaires étaient tous largement en dessous des réels coûts nécessaires à la construction des projets. Pour le projet de Guidel par exemple, « *la construction du barrage avait englouti, à elle seule, les 800 millions prévus pour le barrage et les aménagements secondaires* » (DIEDHIOU L., 2004, ibid.). Face aux problèmes de ressources, il a fallu, pour la plupart, sacrifier les aménagements secondaires notamment la construction de digues, des canaux d'irrigations, l'aménagement des terres devant épauler l'ouvrage principal et le rendre véritablement opérationnel. Devant ces irrégularités les actions des projets se sont retrouvées réduites, limitées à une simple récupération et amélioration des terres alors qu'ils devraient en plus de cela promouvoir leur aménagement.

Le deuxième problème auquel sont confrontés les barrages réside sur la stabilité et la capacité des principaux acteurs gestionnaires des projets à les rentabiliser et à les entretenir. L'État du Sénégal et les coopérants en l'occurrence la République populaire de Chine sont dépositaires à plus de 80% des ouvrages hydro-agricoles construits en Casamance. Ils fonctionnent soit sur des fonds publics soit sur des fonds de coopération ce qui les rends largement dépendants de ces derniers. D'une part, le désengagement progressif de l'État du Sénégal survenu au lendemain des politiques d'ajustement structurel imposées par les organismes internationaux (FMI, Banque mondiale) aux pays du sud a eu des conséquences irréparables sur les multiples programmes de mise en valeur agricole qui ont progressivement disparu mais aussi sur la prise en charge des ouvrages notamment celui de Guidel. Il a précipité le déclin des ouvrages hydro-agricoles qui, par ailleurs, étaient déjà passés sous la trappe des experts qui les ont jugés inadaptés aux sols de la Basse-Casamance et « *par conséquent, ne pouvaient pas répondre aux besoins pressants des populations dans le domaine de la production vivrière* » (DIEDHIOU L., 2004, ibid.). D'autre part, la rupture des relations diplomatiques avec la Chine en 1996, suite à laquelle elle a rappelé tous ses ressortissants et coopérants, a laissé un grand vide sur la gestion des ouvrages construits et entretenus pas la chine notamment celui d'Affiniam.

Le troisième problème est la conséquence du second problème cité en supra, celui d'une gestion longtemps centralisée autour d'un ou de deux acteurs principaux (État et/ou le coopérant) et d'une implication faible et très tardive de la population locale et des privés qui ont aujourd'hui du mal à s'approprier et à faire revivre ces ouvrages fantômes. La priorité absolue donnée à la lutte contre la salinisation des terres et au développement de la riziculture a conduit les gestionnaires et techniciens en charge du développement des projets, à négliger la mise en place de structures paysannes autonomes capables d'assurer la relève. Certes, ils savaient que la préservation des terres agricoles contre toute intrusion des biseaux salés était une action globale dans le cadre d'une intensification de la production et que sans un suivi judicieux des aménagements de la part des principaux acteurs locaux (populations locales) producteurs, l'effort consenti était vain. Il n'empêche que tous les projets réalisés jusque-là ont priorisé la réalisation d'ouvrages et ne se sont intéressé que subsidiairement aux organisations paysannes et à leur formation. Or les producteurs à savoir les populations locales, acteurs clés du développement de leur terroir, doivent constituer le ciment de toute action intégrée qui vise à moyen ou long terme l'amélioration de leur condition de vie. Le défi de la pérennité des projets et des ouvrages hydro-agricoles de la Casamance pour une meilleure gestion et rentabilité devait nécessairement passer par le transfert des compétences et technologies et une implication beaucoup plus soutenue des masses paysannes. Ceux-ci devraient à long terme permettre au renforcement de leur capacité « d'auto prise en charge ». Les contres performances des projets hydro-agricoles illustrent le danger d'une gestion centralisée, réduite à une collection précipitée de projets sectoriels et d'ouvrages conçus et réalisés par les pouvoirs publics et les bailleurs de fonds sans que les populations locales concernées soient consultées et associées aux choix de décisions, à leur réalisation et à leur prise en charge. Certes les aménagements hydro-agricoles des bas-fonds en Casamance restent très complexes mais leurs succès dépendent aussi des efforts quotidiens des paysans, principaux acteurs qui doivent pouvoir tirer profit de leur travail.

Aujourd'hui les ouvrages hydro-agricoles ornent le décor

témoignant d'une politique agricole mitigée qui n'a jamais réussie et dont les conséquences continuent de peser sur l'environnement et sur la population. Avec une dégradation accélérée qui a réduit de moitié la durée de vie de la plupart de ces ouvrages, on se demande pour combien de temps encore ils feront partie du décor ! L'après barrage hante les esprits mais on préfère ne pas y penser. En aucun moment il a été envisagé et pourtant les conséquences se font déjà ressentir avec le désengagement des gestionnaires et bailleurs.

Figure 2 : (Vue d'ensemble du réseau hydrographique de la Casamance et de l'écosystème des estuaires et bassins alluviaux des affluents d'Affiniam et Guidel)

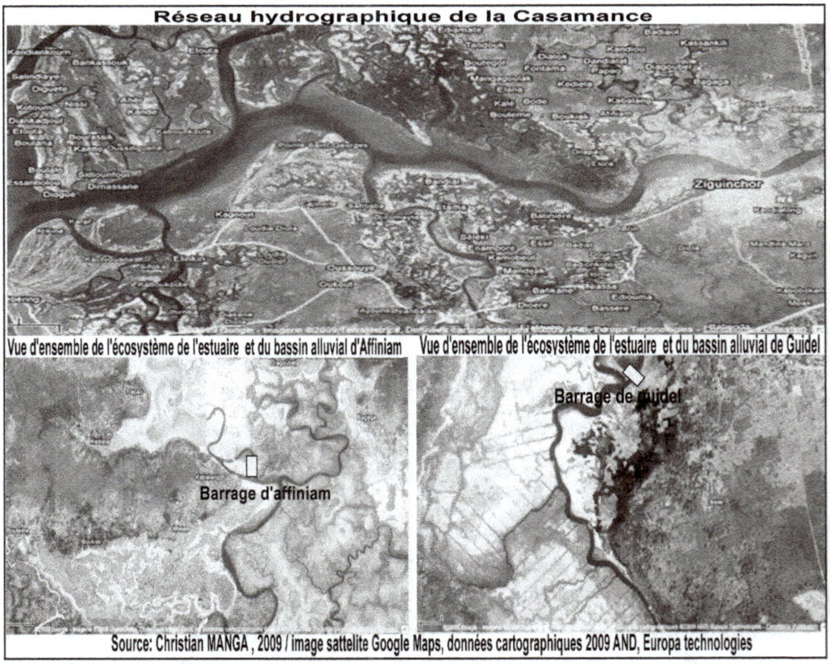

Des projets à faibles rendements avec des conséquences néfastes

Si l'on en croit les autorités et responsables des barrages, les résultats enregistrés ces dernières années sont plutôt encourageants même si par ailleurs des problèmes ne sont pas à exclure. En dépit de tous les problèmes rencontrés le barrage d'Affiniam a permis, depuis sa création, de récupérer 7000 ha sur les 12000 ha envisagés et à réduire considérablement le taux de salinité : 5g/l au pied du barrage et jusqu'à 2g/l à certains endroits en amont du barrage[4]. Et celui de Guidel quant à lui a permis la récupération de plus de 500 ha de terre et la diminution progressive de la salinité en amont du barrage. Ce discours très généralisant que l'on retrouve chez la plupart des autorités et responsables de gestion de ces ouvrages hydro-agricoles semble réduire la fonction des barrages à une simple récupération des terres et diminution de la salinité et encore ! Que cela n'en tienne, le discours semble très disproportionné par rapport à la réalité car entre les deux il y a une grande différence. Juger les effets des barrages aux seuls faits de la récupération des terres et de la désalinisation c'est se méprendre à la cause environnementale, aux dégâts que ces ouvrages ont causés sur leur environnement et leur conséquence sur la population locale. S'il est vrai que dans la période pré barrage les dégradations environnementales notées ont été assignées au seul fait des aléas climatiques dans un contexte global de sécheresse cela reste moins vrai pour la période post barrage. La modification de l'écosystème du milieu sur lequel sont construits ces barrages nous laisse à penser qu'ils sont la cause.

Figure 3 : (Effets néfastes des barrages et ouvrages anti-sel sur l'écosystème local/ sur la mangrove)

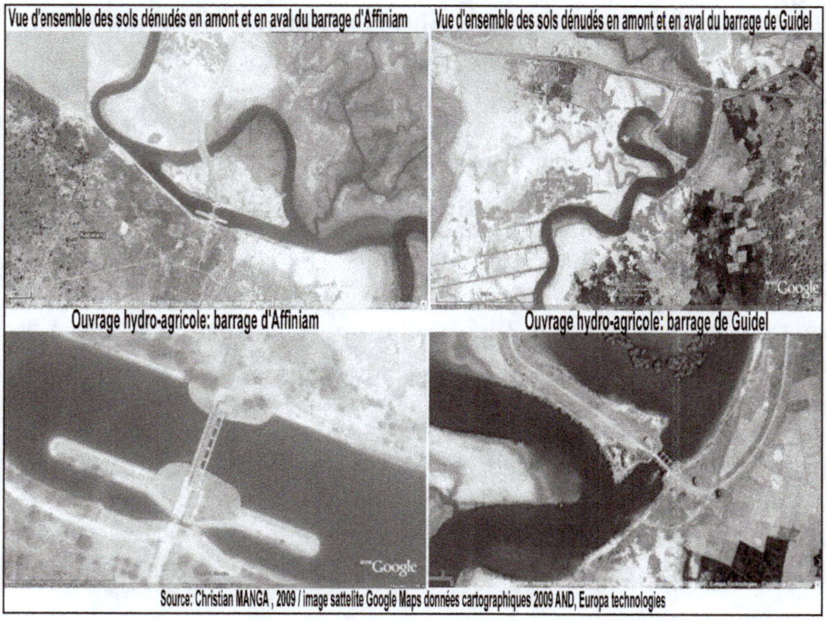

Source: Christian MANGA, 2009 / image sattelite Google Maps données cartographiques 2009 AND, Europa technologies

4 *Riziculture en Casamance : Le barrage d'Affiniam a récupéré 7.000 hectares de terres.* SADIO S. P. ,Dakar : Le Soleil, 23 Janvier 2004.

La première conséquence est celle de la modification des caractères pédologiques des sols. Car en affirmant que les barrages ont réduit considérablement le taux de salinité on oublie de dire qu'ils ont aussi par ailleurs augmenté la sursalure des sols en aval par l'effet de la forte évaporation et créé un effet d'asphyxie des sols en amont qui a été à l'origine de la disparation de la flore (mangrove, palétuvier,...). La faible circulation des eaux en amont du barrage, ajoutée à sa forte concentration, ralentissent la réoxygénation des eaux. Cela a pour conséquence la modification du système écologie et de l'écosystème aquatique initial qui se trouve du coup colonisé par des algues au dessus de l'eau. En effet selon CHENEAU-LOQUAY A., « *après six mois de mise en service du barrage de Guidel, toutes les espèces de palétuviers sont mortes ou mourantes* » (CHENEAU-LOQUAY, A., 1998). Les projets de barrages anti-sel de la Casamance n'ayant pas prévu des aménagements de stockage d'eau à longue durée, en saison des pluies, les grandes étendues de terres hydromorphes et sulfatées inondées se trouvent non seulement asphyxiées et appauvries par une faible régénération florale mais aussi inexploitables du fait des fortes crues. Les méthodes traditionnelles d'agriculture avec des instruments primitifs et archaïques comme le kadiandou, la daba, le baro ne sont pas adaptées à de fortes teneurs en eau. La riziculture traditionnelle des bas fonds en Casamance et plus particulièrement en milieu diola nécessite un système de drainage devant réguler les quantités d'eau en cas de fortes inondations. Or avec les barrages anti-sel, les systèmes d'irrigations traditionnels on été modifiés passant « *d'une organisation traditionnelle transversale (selon la pente d'un versant) à une disposition axiale (d'amont en aval)* »[5] qui concentre les eaux avec comme seule stratégie de régulation les lâchés d'eaux. On peut en déduire que même si par ailleurs les barrages ont induit à une récupération des terres comme le soulignent les autorités, leurs efforts se trouvent anéantis par l'incapacité de la population locale à les exploiter.

La deuxième conséquence est sans doute liée à la modification de l'écosystème locale. Dans les différents affluents où sont implantés les barrages, on a constaté une dégradation croissante de l'écosystème d'origine des estuaires et bassins alluviaux. Cette dégradation est parfois précipitée par l'action de l'homme où il a été parfois question d'abattage des palétuviers sur plusieurs centaines, voire des milliers

---

[5] PERRIN M.-F., Entre sel et terres: pratiques de gestion de mangroves en Afrique de l'Ouest. In : *Pratiques de gestion de l'environnement dans les pays tropicaux.* Talence, DYMSET et CRET, 1997, pp. 377-388, (Espaces Tropicaux n°5).

d'hectares de mangroves comme dans le projet ILACO pour accélérer la récupération de terres meubles des bordures des cours d'eaux[6]. La modification des caractéristiques hydrauliques des vasières en amont des différents affluents par l'effet de la forte diminution de la salinisation à certaines périodes de l'année – fin septembre –pouvant atteindre 1 à 2g/l a entrainé la disparition de différentes espèces de la flore et de la faune de ces vasières et eaux saumâtres sans pour autant qu'elles soient véritablement remplacées par des espèces d'eaux douce. En aval, cette disparition de l'écosystème est due à l'effet inverse c'est-à-dire à un excès de salinité causé par une forte évaporation. Dans les deux cas, l'absence de la mangrove qui est le maillon primaire sur lequel repose tout un écosystème local a eu des répercussions catastrophiques sur les nombreuses espèces de poissons, oiseaux, mollusques, crustacées, et autres qui dépendent de la richesse alimentaire du milieu. Le constat qui se dégage est partout le même, celui d'une véritable catastrophe écologique. La mangrove qui bordait les affluents des cours d'eau sur lesquels sont placés les barrages a laissé place à un grand vide, un « désert » affectant la biodiversité qui a toujours caractérisé cet écosystème local.

---

[6] DIEDHIOU, Lamine. *Riz, Symboles et Développement chez les Diolas de Basse-Casamance.* Québec, Canada : Les Presses de l'Université Laval , 2004. 339 p. (DIEDHIOU L., *op. cit.*).

Figure 4 : (Typologie des barrages anti-sel en Casamance et leurs conséquences sur l'environnement)

Barrage anti-sel d'Affiniam sur le marigot de Bignona. Au premier plan, les eaux acides de la retenu; à l'arrière plan, les eaux sursalées du fleuve Casamance; à droite, le système de franchissement pour les pirogues

Barrage anti-sel d'Affiniam sur le marigot de BignonaAu premier plan les eaux sursalées du fleuve Casamance, à l'arrièreplan, le système d'ouverture par portes levantes. Basse-Casamance

Barrage anti-sel sur le marigot de Singuère, avec système d'ouverture par batardeaux. Rive gauche du fleuve Casamance, entre Adéane et Goudomp (limite entre la Moyenne-Casamance et la Basse-Casamance

Barrage anti-sel sur le marigot de Djiguinoum, avec le système d'ouverture par batardeaux. Basse-Casamance

Barrage anti-sel, entre Marssassoum et Sédhiou Moyenne-Casamance

Vue en aval du barrage anti-sel de Djilakoum: on distingueles zones dénudées sursalées (tannes vifs) et les restesde troncs de palétuviers morts par la sursalinité des eaux du fleuve Casamance. Djiguinoum Basse-Casamance

Tanne vif sursalé (croûte de sel blanche formée à la surface du sol par l'évaporation des euax marines); restes de troncs de palétuviers morts par la sursalinité des eaux du fleuve Casamannce. Koubalan Basse-Casamance

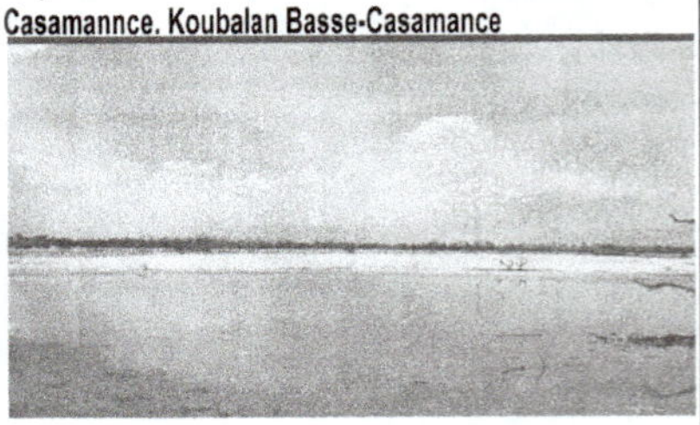

Source: photos et clichés de Jean-Pierre Montorio

Cette situation désastreuse sur l'écosystème a eu des répercussions directes sur les activités socio-économiques qui lui sont directement ou indirectement liées comme par exemple la pêche artisanale de poissons, mollusques, crabes, l'ostréiculture, la chasse ou encore l'exploitation de la mangrove pour divers activités (collecte de bois pour la cuisson, construction de maison, clôture,..). L'une des premières failles des projets hydro-agricoles a été de n'avoir pas pris en compte ce peu soit-il les autres secteurs d'activités économiques parallèles à l'agriculture comme si l'économie locale ne dépendait uniquement que de la production agricole. On peut regretter l'action centrée des différents projets qui ont tous pour cible la riziculture. Les projets hydro-agricoles tels qu'ils sont conçus devraient à long terme modifier littéralement le modèle du système économique local. D'une économie « plurisectorielle » basée sur la complémentarité des différents secteurs d'activités existants (agriculture, pêche, élevage,...) on tend à une économie de plus en plus « monosectorielle » sans un réel développement du secteur agricole.

En effet, selon MANGA I. (2003), on a longtemps cru qu'il suffisait d'appliquer des modèles agronomiques approuvés dans les pays avancés pour augmenter d'un seul coup la production agricole : l'expérience des projets hydro-agricoles a montré que ces modèles ne s'exportent pas tels quels. On ne bouleverse pas par décret les rapports séculaires entre les paysans et la terre, il n'est pas de baguette magique qui fasse soudainement passer de l'autosuffisance à l'économie de marché (POURTIER, R., 2001). La plupart des projets ont échoué pour avoir oublié que le facteur du développement ne se réduit pas à un ouvrage, à une production d'une monoculture. Faute d'avoir tenu compte du contexte socio-environnemental local, de l'aspect culturel des populations locales, de leurs rapports à la terre, de leurs modes de pratique, de la structuration de leur société, de la symbiose de tous ces facteurs dont rendent bien compte les modes de vie des populations locales, les innombrables projets venus d'ailleurs ont souvent manqué leur objectif, ils n'ont été que source de désespoir et désillusion.

Aujourd'hui, laissés à leur sort, les paysans sont contraints à tout abandonner et à se retourner vers les pratiques traditionnelles car à quoi sert la meilleure technologie du monde, le meilleur projet hydro-agricole si on n'a pas les moyens financiers et matériels de sa mise en pratique ? Il existe une dichotomie entre deux modèles qui essayent tant bien que mal de cohabiter et de résister sans une réelle complémentarité : d'une part les projets hydro-agricoles bien qu'inadaptés refusent de signer leur défaite en maintenant toujours un semblant d'activité notamment au niveau des ouvrages et d'autre part le retour aux pratiques traditionnelles qui n'ont véritablement jamais disparues.

Avec toutes les difficultés qu'ont connu et causé les ouvrages et les projets hydro-agricoles, le gouvernement du Sénégal semble ne pas lâcher du lest. L'intérêt grandissant pour les ouvrages et projets hydro-agricoles de la Casamance semble renaître avec la nouvelle politique agricole du chef de l'Etat : la GOANA (Grande offensive agricole pour la nourriture et l'abondance). Si l'on en croit aux autorités gouvernementales en l'occurrence les travaux et déclarations du ministère de l'agriculture et de l'APIX (Agence nationale chargée de la Promotion de l'Investissement et des Grands Travaux) des projets de réhabilitation des ouvrages hydro-agricoles sont en cours. L'ancien ministre de l'agriculture du Sénégal monsieur Amath Sall avait par ailleurs annoncé lors de la cérémonie d'ouverture de l'atelier de formulation et de mise en œuvre des Programmes de la GOANA en Casamance le 20 juin 2008 l'acquisition d'un financement de 2,5 milliards de FCFA, une somme représentant une partie de l'argent qui devrait permettre la mise en service du barrage d'Affiniam et un don supplémentaire de la Chine de 600 millions de FCFA[7].

On se demande bien quel est l'intérêt pour les pouvoirs publics à continuer d'injecter des milliards de FCFA dans des projets et ouvrages qui sont de toute façon condamnés à l'échec et dont l'entretien devient de plus en plus en couteux. En attendant une véritable rentabilité des projets, les populations prennent leur mal en patience et à défaut de solutions c'est le chemin de l'exode qui s'impose. Par ailleurs, on note dans plusieurs localités, comme c'est le cas aux alentours du bassin de Goudomp ou encore à Affiniam, des actions de reboisement de la mangrove entreprises par les communautés villageoises avec l'appui des ONG qui permettent tant bien que mal de rétablir l'écosystème d'origine. Ces actions restent néanmoins des actions isolées comparées à l'ampleur du phénomène et à la lourdeur de la tâche à effectuer pour rétablir l'écosystème des vasières de mangrove et affluents.

Références bibliographiques

ASG/SAB.SENEGAL-AGRICULTURE-INFRASTRUCTURES. *APS.* [En ligne] 20 Juin 2008. [Citation : 6 Septembre 2009.] http://www.aps.sn.

CHENEAU-LOQUAY. Les relations entre l'espace et l'énergie en Casamance. tome 2. In: *Energie et espace au Sénégal,* Tome 2. Talence, Centre d'Etudes et de Géographie Tropicale, 1988, pp. 109-123, (Travaux et Document de Goégraphie Tropicale, n° 62).

[7] ASG/SAB. SENEGAL-AGRICULTURE-INFRASTRUCTURES. *APS.* [En ligne] 20 Juin 2008. [Citation : 6 Septembre 2009.] http://www.aps.sn.

DIEDHIOU, Lamine. *Riz, Symboles et Développement chez les Diolas de Basse-Casamance.* Québec, Canada : Les Presses de l'Université Laval , 2004. 339 p.

MANGA Insa, *Crise agricole dans la une vallée de Casamance : Le Bassin de Goudomp -département de Sédhiou- Sénégal*, Mémoire de maîtrise en géographie et aménagement, Université de Rouen, 2003, 106 p.

NDIAYE Gora, *Problématique de l'avancée de la langue salée au Sénégal : aperçu sur la lutte contre les pertes en terres dans les zones côtières de la Casamance*, Actes du séminaire international sur la lutte contre la désertification à Ndjamena du 30 octobre au 4 novembre 2000, MAB-UNESCO Zones Arides n°1, pp. 33-38

PERRIN Marie-France, Entre sel et terres: pratiques de gestion de mangroves en Afrique de l'Ouest. In : *Pratiques de gestion de l'environnement dans les pays tropicaux.* Talence, DYMSET et CRET, 1997, pp. 377-388, (Espaces Tropicaux n°5)

POURTIER, Roland. *Afriques noires.* Paris : Hachettes, 2001. 256 p.

Riziculture en Casamance : Le barrage d'Affiniam a récupéré 7.000 hectares de terres. SADIO, S. P. Dakar : Le Soleil, 23 Janvier 2004.

L'unité africaine à l'épreuve : de l'intégration à la désintégration politique

N'DRI Diby Cyrille*

Introduction

Cinquante ans après son accession à l'indépendance, le continent africain souffre de l'effroyable divergence entre ses dirigeants politiques. En dépit des nombreuses initiatives de l'Organisation de l'Unité Africaine (OUA) en vue d'un remembrement de l'Afrique, morcelée à la conférence de Yalta II, celle-ci est en proie à des conflits inter-États ou frontaliers. Si, selon l'Organisation Mondiale pour la Santé (OMS), la santé est un état de complet bien-être physique, mental et social, il appert que l'Afrique est malade. Elle est malade de plusieurs maux parmi lesquels les conflits territoriaux.

« Il est dès lors décevant de constater que ni les pays non alignés ni l'OUA ne sont parvenus à régler définitivement les nombreux différends frontaliers qui constituent toujours une source de discorde et de tension. Si certaines contestations ont été heureusement aplanies, d'autres conflits - parmi les plus importants demeurent loin de leur dénouement »[1]. L'on peut affirmer que l'OUA, en dépit de ses nombreuses initiatives, n'a pu trouver des solutions à ces différends frontaliers. Si ce viatique manque d'efficience, il ne saurait être une fatalité. Cet article vise ainsi à rechercher les mobiles de ces conflits, du moins, de cette désintégration. Comment parvenir à une véritable intégration politique africaine ? Comment guérir l'Afrique de ces conflits territoriaux ou inter-étatiques ?

La résolution de ces préoccupations se fera en trois étapes. D'abord, nous analyserons les intentions d'intégration des peuples et États africains. Ensuite, nous mettrons en évidence les mobiles de la désintégration et enfin nous envisagerons des solutions efficientes pour une intégration politique réussie.

---

* Assistant, UFR, Communication, Milieu et Société (CMS), Département de Philosophie, Université de Bouaké, Côte d'Ivoire, dibycyr1@yahoo. fr

1 GONIDEC (P.F.), *Les systèmes politiques africains*, Paris, Librairie de droit et de Jurisprudence, 1974, p.34.

Des intentions d'intégration politique

« Ex nihilo ni hil », de rien, rien ne sort. Ceci pour dire que l'être humain, dans toutes ses entreprises, « a besoin de modèles, de maîtres, de consolateurs qu'il ne peut trouver autour de lui et dans le présent »[2]. Le passé s'avère ainsi indispensable d'autant plus qu'il abrite des exemples de personnages que l'on peut dédaigner ou imiter. Polybe disait par exemple que l'étude de l'histoire politique constitue la meilleure préparation au gouvernement de l'État et la discipline.

Face au capitalisme qui avait atteint son piédestal, certains leaders africains, soucieux du nivellement de leur continent, vont faire recours à d'autres systèmes politiques et économiques. Influencé par les panafricanistes tels que Marcus Garvey, W. Dubois, etc. qui menaient des combats de libération contre les puissances coloniales aux États-Unis d'Amérique, le docteur Nkrumah s'était fait « le champion des États-Unis d'Afrique ». Mais que visait-il ?

Dans son *Autobiographie*, il démontrait que le capitalisme pourrait s'avérer un système compliqué pour l'Afrique nouvellement indépendante. En effet, pour lui, les présupposés et les desseins du capitalisme s'opposent à ceux de la société africaine. Le système de gestion capitaliste serait une trahison à la personnalité et à la conscience de l'Afrique. C'est pour ce fait que le Président ghanéen, de façon conséquente, demandait à nous Africains de « nous servir de notre indépendance pour mobiliser nos ressources en vue du démarrage effectif de notre développement. Nous devons [alors] construire les machines et installer les aciéries et les usines métallurgiques et de transformations. Nous devons relier nos différents États par des routes terrestres, maritimes et aériennes. (...) Nous devons domestiquer la radio, la télévision et les grandes imprimeries pour sortir nos populations de l'obscurité et l'ignorance »[3]. Nkrumah prônait une union des États africains indépendants. De type fédéral, cette union met l'accent sur l'entière souveraineté des États.

Les nations africaines devraient apprendre à vivre ensemble, à resserrer les liens de solidarité pour une intégration totale. Les Africains doivent à l'évidence harmoniser leurs traditions spirituelles et morales. L'éducation doit être enracinée dans nos valeurs culturelles

---

[2] NIETZSCHE, *Considérations inactuelles I et II*, textes et variantes établis par COLLI et MONTINARI Traduits de l'allemand par Pierre Rush, Paris Gallimard, 1960, p. 208.

[3] NKRUMAH, Kwame, *Le néocolonialisme, dernier stade de l'impérialisme,* Paris, présence Africaine, 1973, p. 34.

nourries des réalités et des traditions africaines, mais ouvert sur le monde extérieur. Car, « les citoyens d'aujourd'hui, et encore ceux de demain, ont et auront besoin de cette culture (...) pour comprendre le monde, pour comprendre les autres, pour se comprendre eux-mêmes»[4].

On comprend mieux que, contrairement à la monade leibnizienne, l'africain qui s'assimile au "dasein" heideggérien est un être en relation. Il devient un Mit-Sein, c'est-à-dire un être avec. Mais avec qui ? C'est un être engagé dans un rapport nécessaire avec d'autres existants. S'il s'expose, dans sa mêlée avec cet autre qui est ici le blanc qui incarne l'aliénation ou la déchéance, cette ouverture ne signifie pas opposition mais coopération. Cette observation faite, l'on peut indiquer que Nkrumah vise une révolution sociale. « La philosophie qui doit soutenir cette révolution sociale est [...] le consciencisme philosophique. Le consciencisme est l'ensemble, en termes intellectuels, de l'organisation des forces qui permettront à la société africaine d'assimiler les éléments occidentaux, musulmans et euro-chrétiens présents en Afrique et de les transformer de façon qu'ils s'insèrent dans la personnalité africaine. Celle-ci se définit elle-même par l'ensemble des principes humanistes sur qui repose la société traditionnelle (...) »[5].

Fuir le capitalisme, le blanc, on le voit, ne rime pas avec un rejet systématique de ses mœurs. Il faut, pour « le champion des États-Unis d'Afrique », éviter les positions radicales reléguant au dernier rang les modes de vies occidentales. L'on note ainsi qu'il faut une intégration des mœurs pour les besoins de l'humanité. Marcien Towa pouvait dire à juste titre que les peuples africains ont décidé d'assimiler le secret de l'occident impérialiste en demeurant eux-mêmes. Ils ont fait « peau neuve et ont retrouvé santé et vigueur »[6]. En raisonnant sur ces choses, l'on pourrait dire que le dialecticien platonicien a l'obligation de retourner dans la caverne pour y remettre de l'ordre. Nkrumah est alors l'oracle dont la voix doit constamment « trouer », percer le silence mortel des nuits du recroquevillement.

Le bonheur du genre africain passe inéluctablement par « une révolution dans les choses »[7]. L'Afrique n'est-elle pas divisée en plusieurs tendances qu'il faut harmoniser ? Une réconciliation ne

---

[4] GUERIN, Jean Claude, *Reconnaître et développer une véritable culture et technique*, in Ville- Ecole-Intégration, Paris, no 116, Mars, 1999, p.156.

[5] NKRUMAH, Kwame, op. cit, p.34.

[6] TOWA, Marcien, *Éssai sur la pratique philosophique dans l'Afrique actuelle*, Yaoundé, clé, 1961, p.46.

[7] BABEUF, *La conspiration pour l'égalité, paradigme de l'institution révolutionnaire dans la pensée du* XIXe *siècle*, Paris, Gallimard, 1973) p.209.

s'impose- t- elle pas afin que nous soyons un ? Il apparaît donc qu'il est nécessaire de « tout mettre en œuvre pour réaliser et consolider l'unité dans l'indépendance de la partie africaine »[8]. C'est ainsi que va naître l'OUA, en dépit de multiples incongruités entre les Africains.

Il faut noter qu'avant la conférence d'Addis-Abeba de 1963, les nations de tradition française avaient mis en place des organisations sous-régionales parmi lesquelles l'Organisation Commune Africaine et Malgache (OCAM), le Groupe de Casablanca, etc. Mais à « Addis-Abeba, un courant favorable à la dissolution des unions sous régionales se manifesta. Cette tendance allait dans le sens des efforts faits par les gouvernants africains (...) pour mettre fin aux divisions politiques et renforcer ainsi la position de l'Afrique dans le monde. L'unité exigeait impérativement que l'OUA fut la seule autorité reconnue »[9]. Ce courant est celui de Nkrumah qui n'a pas été suivi par ses pairs.

L'OUA vise ainsi la consolidation de l'indépendance des États africains. Il faut combattre a priori le néocolonialisme sous toutes ces formes, stipule le préambule de la charte d'Addis-Abeba. Cependant, « l'OUA fut considérée par les Algériens, non seulement comme un symbole de l'unité africaine, mais comme porteuse d'un mythe puissant que les États progressistes auraient pu utiliser pour stimuler les autres États et les amener à adopter une politique plus radicale »[10]. Ce propos consacre le point de rupture entre les leaders africains. Les dirigeants, on le voit bien, n'étaient pas unanimes sur les points focaux de l'OUA qui, selon ses pères, visait un singulier pluriel, c'est-à-dire l'unité des États africains.

Il se trouve posée la sauvegarde des particularismes. Il n'y avait pas, en effet, d'idéologie commune pour la réalisation du projet d'une Afrique unie. Il est clair qu'on retrouvait dans l'Afrique indépendante de multiples idéologies, des sociétés disparates et des intérêts divergents. L'Afrique semblait ne pas pouvoir devenir une « polis ». Ceci sous-entend que l'Afrique lancée dans ce conflit des contraires, ne peut parvenir à l'unicité. Son archée se base sur un ensemble de préceptes contradictoires, complexes.

Les nations africaines ne sont donc pas unies dans la mesure où elles n'obéissent pas aux mêmes volontés. C'est pour cette raison que « l'élimination du Dr. Nkrumah de la scène politique en 1966, mit un point final à ces tentatives d'intégration politique. Non seulement tout

---

[8] GONIDEC, *op. cit.*, p.151.

[9] LAUROFF (DG), *Les systèmes institutionnels en Afrique noire : les francophones*, Paris, Padou, 1980, p.212.

[10] GONIDEC, *op. cit*, p.143.

progrès vers l'unité a été bloqué en raison de l'hostilité de la majorité des chefs d'États à l'idée même d'intégration politique, mais on peut même dire qu'il y a eu une certaine régression dans la mesure où les États utilisant, à cet effet, l'OUA, ont renforcé leur souveraineté et dans la mesure où l'OUA s'est vue opposer des organisations sous régionales rivales »[11].

On note aussi que pour certains, l'OUA est un instrument utile pour protéger les souverainetés nationales et territoriales, d'autres la conçoivent comme un moyen de pression sur des gouvernements africains. L'OUA devient ainsi une fioriture. Ces concepteurs sont considérés comme des fiers – à – bras surtout que l'organisation loin de remembrer l'Afrique, la plutôt divisée. Doit-on pour cela conspuer les maîtres de cette œuvre ? Devons-nous jeter du revers de la main cette noble intention de voir toutes les frontières africaines consolidées par la fraternité et la coopération ?

Nous disons non. Car en dépit du fait que l'OUA soit affaiblie par le renforcement de la souveraineté des États et de la création d'organisations sous-régionales rivales, elle demeurait « la seule organisation politique en Afrique et pour l'Afrique ». Ainsi, « il est clair qu'aucune organisation existante ne réalise véritablement une intégration politique quelconque. Toutes sont des organisations de coopération entre États demeurés souverains »[12].

À l'évidence, il est juste de mentionner que déjà en 1963, les rédacteurs de la charte, indignés par l'assassinat de Sylvanus Olympio, Président du Togo, avaient condamné sans réserve « l'assassinat politique ainsi que les activités subversives exercées par des États voisins ou tous autres États »[13]. Mais quelles sont les véritables ambitions des uns et des autres ? Pourquoi cette récurrence des conflits territoriaux en dépit de cette noble idée d'intégration politique ? Pourquoi de l'OUA à l'UA nous notons ces hostilités à relents particularistes dans cette ère de mondialisation ?

Des conflits inter-États: les raisons de la désintégration

Dans cette partie de notre article, nous cherchons à montrer les raisons de la désintégration politique depuis les premières heures de l'indépendance jusqu'à ce jour. Est-il besoin de rappeler que les expériences d'intégration qui ont été tentées ont échoué ? Les différents projets de regroupements en vue de contribuer à un bon

[11] GONIDEC, *op. cit*, pp 143-144.
[12] GONIDEC, *op. cit*, p. 142.
[13] GONIDEC, *op. cit.*, p. 144.

voisinage entre les États africains n'ont guère abouti. L'Afrique n'est donc pas devenue un singulier pluriel. Cette pluralité idéologique converge avec une déchirure, une concurrence. Dans son isolement, chaque nation vise la destruction de l'autre. Cette fracture du tissu social africain dénote de l'éloignement de la coopération rendant en conséquence illusoire la réalisation de l'union et de la solidarité entre les États africains. Mais pourquoi cet état de fait ?

« Il faut, je pense, compter avec le fait que chez tout homme existent des tendances destructrices donc anti-sociales, anti-culturelles et que chez un grand nombre de personnes, ces tendances sont assez fortes pour déterminer leur comportement dans la société humaine »[14]. Nous ne sommes donc pas surpris que de nombreux conflits jalonnent notre continent. Ces nombreux conflits territoriaux ou frontaliers procèdent de la nature complexe des hommes. Cet acabit méchant, égoïste est source de discorde avec son égo. Il a donc appris aux Africains à vivre individuellement, à soigner leurs intérêts personnels et non pas à s'aimer les uns les autres. La méchante nature humaine, loin de les aider à développer le sens des valeurs collectives, a encouragé à un individualisme. Cet égocentrisme incite à défendre leurs intérêts particularistes au détriment des objectifs communs.

On comprend mieux pourquoi l'Afrique est loin d'être une unité politique. En effet, les gouvernants ou gouvernements des différents États gardent jalousement leur souveraineté tout en proclamant leur désir d'unité. C'est pourquoi les conflits, nombreux et variés, sont à l'ordre du jour. Il apparaît donc que ces guerres procèdent de l'incapacité ou des difficultés à les régler par l'OUA car, « en fonction des acteurs, on pourrait distinguer les conflits qui, en principe, ne sont pas internationaux, mais qui, en raison des circonstances, acquièrent une dimension internationale (Nigeria, Zaïre, etc.), les conflits entre deux ou plusieurs États (Algérie-Maroc, Éthiopie-Somalie, Éthiopie-Kenya, Ouganda-Tanzanie par exemple), (...) »[15]. Cette classification permet d'apprécier le degré de gravité des atteintes portées à l'OUA et les difficultés de règlements des conflits. Il y a donc un sérieux problème de voisinage. Si hier, les Africains ont dirigé leurs armées contre les impérialistes, il y a lieu de se réarmer davantage aux fins de quitter ces divisions en vue d'un bon voisinage. En effet, nous restons là, impuissants devant une incroyable réalité: des ressortissants africains qui attaquent des Africains. Pour quels mobiles ? Quels sont les antécédents ?

L'existence de nations divisées par des frontières artificielles,

[14] FREUD, Sigmund, *L'avenir d'une illusion*, Paris, PUF, 1971, p.70.
[15] GONIDEC, op. cit, p.152.

refusant de coopérer, concourt à des crises. Au Congo, les premières années d'indépendance ont été jalonnées par des crises périodiques au grand dam des populations. « En 1964, les ressortissants du Congo-Brazzaville furent expulsés du Zaïre. En 1968, par mesure de représailles, pour protester contre l'exécution de Mulele, réfugié au Congo-Brazzaville et rentré dans son pays en croyant bénéficier de l'amnistie, les autorités du Congo-Brazzaville décidèrent de rompre les relations diplomatiques et de fermer les frontières. En 1969, le complot préparé par le lieutenant Kittanga, puis par deux civils avec la complicité des autorités du Zaïre, aggrava encore la situation. Le général Mobutu déclara que son armée pourrait conquérir le Congo-Brazzaville en deux heures s'il le voulait. De l'autre côté du fleuve, cette déclaration fut considérée comme une menace d'invasion et les forces armées furent mises en état d'alerte »[16]. À Côté de nos frères congolais, évoquons le conflit entre le Ghana et le Togo qui montre les mauvaises relations entre les Africains. Les Ewés, partagés par la frontière s'entredéchirent, loin de se rapprocher. Il en est de même de la Sénégambie.

Le Sénégal s'est toujours révolté contre les activités commerciales gambiennes qui se focalisent sur la contre bande, péril mortel pour « le Sénégal de savoir que la Gambie décide d'étendre la largeur de sa mer territoriale à 12 milles. Soutenue par la Grande Bretagne, la Gambie consolide ses positions car selon la jeunesse gambienne « la Gambie ne doit pas être vendue au Sénégal. Face à ces menaces, il ne reste aux dirigeants sénégalais qu'une solution qui est de courage, l'invasion de la Gambie (...). La Gambie annexée deviendrait ainsi la huitième région du Sénégal »[17].

Si pour Frantz Fanon il n'est plus possible que l'Afrique avance par région, surtout qu'un grand corps doit avancer par la totalité, nous disons que l'intégration politique continue d'être recherchée en Afrique. En effet, des conflits Algérie-Maroc, Gabon-Guinée Équatoriale, Somalie-Éthiopie, l'on peut affirmer que le « péché originel », c'est la division de l'Afrique par des frontières artificielles pour la simple raison que ces barrières regorgent d'énormes richesses. Le Maroc convoitait le gisement commun de pétrole exploité par l'Algérie. La Somalie, quant à elle, revendiquait des parties de son territoire occupées par l'Ethiopie. Le Gabon et la Guinée Equatoriale se battaient pour la conservation de leur frontière maritime, l'îlot de Corisco.

Certains conflits tirent donc leur origine de la confirmation ou de la

---

[16] GONIDEC, *op.cit*

[17] GONIDEC, *op. cit*, p.146.

revendication d'un « lopin de terre ». On retient donc que les divisions entre les États africains sont consécutives à des motivations économiques. Or, l'OUA projetait d'éviter ces mésintelligences. D'où sa quête d'intégration politique qui rime avec l'intégration socio-économique de l'Afrique par la coopération.

L'OUA, pourrait-on dire, a échoué. Cela résulte du fait qu'elle n'a pu taire les divergences, les diversités et les complexités qui découlent des particularismes. Le nationalisme l'emporte sur le sens de l'unité africaine surtout que le problème d'eau, de terre, en somme de frontière divise les États nouvellement indépendants. Les nations en conflit sous le joug nonobstant les efforts de médiations de l'OUA. Ces interventions, il faut le noter, enveniment la situation. C'est pour ce fait que « les échecs de l'OUA ont pour conséquence d'abandonner aux États en conflit la recherche des solutions, parfois avec l'assistance d'un État tiers qui propose ses bons offices »[18]. L'OUA n'est-elle pas victime de ses principes ?

Si la seule organisation d'intégration politique, (l'OUA), visait l'intensification de la coopération inter-africaine, faut-il noter qu'elle tient à la non-ingérence d'un État dans les affaires intérieures d'un autre. Aussi, défend-elle la souveraineté et l'intégrité territoriale et l'indépendance des États membres. On comprend alors mieux pourquoi l'OUA est affaiblie par la souveraineté des États. Cependant, si cette charte du 26 mai 1963 est loin de pacifier notre continent, qu'en est-il de celle de l'UA, c'est-à-dire l'Union africaine ?

En remplacement de l'OUA, l'Union Africaine (UA) est une organisation d'États africains créée en 2002, à Durban, en Afrique du Sud. Mais quelle est son origine ?

« L'Union Africaine est née de la volonté de relancer le processus d'intégration politique, qui apparait indispensable aux yeux des dirigeants africains pour la croissance économique du continent »[19]. Quel est le rôle de l'UA pour la fin des conflits frontaliers ? En ce qui concerne la prévention des conflits, il faut souligner que « l'OUA, ancêtre de l'UA, prônait le respect de la souveraineté et la non-ingérence. À l'inverse, l'UA se donne un droit d'ingérence dans certaines situations (génocide, crime de guerre). Elle joue depuis sa création un rôle dans ce domaine »[20]. Aussi, est-il besoin de noter que l'UA condamne et rejette les assassinats politiques, les actes terroristes et les activités subversives ?

L'UA, en dépit de toutes ses bonnes intentions, ne semble pas faire

---

[18] GONIDEC, *op. cit.*, 156.
[19] Le bulletin de l'intégration N° 013 Juillet 2009, p. 2.
[20] *Ibidem*

mieux que l'OUA. En effet, « dans la région Nord-Est de l'Afrique surgissent des combats dans deux pays frontaliers : le Tchad situé en Afrique centrale, le Soudan inséré dans le Nord-Est africain »[21]. La guerre Soudano-Tchadienne est à l'ordre du jour. Ainsi, les Africains continuent de se battre pour les « lopins de terres » consécutifs aux frontières artificielles. En effet, le douze octobre 2009, les troupes éthiopiennes sont entrées en Somalie pour conquérir un « lopin de terre ».

À ce jour, pour pasticher Rich N'GAFI, une vingtaine de pays ont déjà été en conflits ouverts ou latents ; soit en négociations relatives aux problèmes frontaliers avec le voisin. La frontière, la démarcation ou la limitation favorisent inexorablement les conflits. Il y a en somme une mauvaise gestion des frontières rendant difficile la coopération entre les Africains. Les barrières demeurent des entraves à l'intégration politique des États africains. Des rivières, du moins les eaux, des montagnes, des plateaux, des terres sont sources de conflits frontaliers ou territoriaux.

Nous pouvons en conclure que la rareté des biens entraine la guerre en Afrique. L'enfer devient donc l'autre. Les conflits frontaliers s'expliquent depuis les années 1960 par la quête de richesses. Cela est dû au fait que les guerres visent l'exploitation, le pillage, la destruction du bien d'autrui. S'il existe une sublimation, c'est la coopération, l'entente. Car c'est le manque qui fonde les litiges. Le supplément d'âme semble ici être la coopération. La fraternité doit être la nouvelle religion pour un bon voisinage en Afrique.

Freud n'a-t-il pas démontré, dans *L'avenir de l'illusion*, que les hommes peuvent exprimer de façon consciente leur pacifisme, alors que se tiennent cachées derrière leurs propos des pulsions meurtrières qui peuvent pousser à la violence. Si Hobbes et Machiavel conviennent avec lui que les hommes sont méchants de nature, il revient à l'UA de mettre en vigueur des valeurs radicales. Par ce fait, les Africains renonceront aux velléités d'agressivité, aux actes terroristes et aux attitudes subversives des uns envers les autres.

L'UA est contrainte d'imposer la coopération afin que chaque nation puisse bénéficier de ce qui lui manque. À ce prix, une rationalisation des frontières pourra favoriser l'unité politique de notre continent. C'est par la coopération franche que les « seigneurs de la guerre pourront disparaître ». La coopération peut mettre fin à cette gangrène qui souille davantage la réputation de l'Afrique qui est l'image vivante de la faim, de la misère de l'enfantillage etc.

---

[21] La bonne Gouvernance, LBG N° 001/008, 2008, p.15.

D'un bon voisinage pour une intégration politique africaine

De ce qui précède, l'on déduit de façon objective que « les difficultés auxquelles est confrontée l'Afrique contemporaine ont pour cause principale l'émiettement territorial du continent, dont la conséquence néfaste se manifeste par des économies nationales incapables de se développer »[22]. Était-il indispensable d'établir des frontières entre les États africains ? Nous disons oui, surtout qu'une nation est déterminée par sa superficie et ses limites. Il est vrai que les frontières artificielles qui délimitent les territoires nationaux divisent des peuples. Ces frontières divisent des régions que la géographie rapproche à tel point qu'elles constituent des sujets de différends et de conflits entre nombre d'États africains.

Nous ne saurions ignorer cependant que tous les États du monde sont séparés par des frontières. Il appert que la complexité des relations entre les Africains n'émane pas de la délimitation de ces pays, mais celle-ci découle de la mauvaise gestion des frontières artificielles. « Aujourd'hui, l'Europe, malgré les désaccords existants, est plus unie sur le plan économique et politique qu'à aucun moment depuis l'accession des pays européens au monde moderne »[23]. Il revient donc aux Africains de s'organiser en réfléchissant sur leurs besoins. « Cela peut paraître une lapalissade que de dire que l'intégration est la voie du développement à ce stade de notre propos. Car, comme nous venons de le démontrer, si l'intégration est la condition de la paix en Afrique à l'intérieur et à l'extérieur des frontières, il va sans dire qu'elle est la condition du développement de l'Afrique »[24]. Il est indispensable que nos dirigeants soient honnêtes et forts pour repousser les mobiles de leur division afin d'imiter ce qui ferait leur union.

S'il nous est impossible de jeter la langue française, « à l'aube des indépendances africaines »[25], nous ne pouvons pas également refuser nos frontières. Car « quand dit-on qu'une langue est jetable ? C'est quand elle ne profite plus à soi, quand la langue devient idéologique (…), quand la langue rencontre la violence. Dans un tel cas, elle perd

---

[22] KODJO, Edem, *Et demain l'Afrique*, Paris, Éd stock, 1986, p. 245.

[23] SMART (J.K.), *L'Afrique. Le progrès par la coopération*, Paris, Nouveaux Horizons, 1967, p. 220.

[24] DAVID MUSA, Soro, « *De l'intégration comme condition de la paix et du développement de l'Afrique* » in Notre Afrique 3eme trimestre 2009 no 003, p.63.

[25] EOUNGUE MAYER, Raoul, *Afin que l'Afrique noire aille mieux…, plaidoyer pour le réveil de la conscience des questions fondamentales negro africaines*, Abidjan, Nouvelles Éditions Ivoiriennes, 2001, p.170

son logis parce qu'elle est devenue une logologie pour dire n'importe quoi »[26]. De ce qui précède, s'il importe de tirer profit de la langue du colon, il revient aux Africains de faire un bon usage de nos frontières en les exploitant de façon rationnelle. En effet, l'édification d'une Afrique saine passe nécessairement par une entente sincère entre les pays africains. L'Europe a certes été brisée par la guerre, mais elle a eu sa rédemption grâce à la coopération entre ses nations.

Les pays africains sont ainsi face à un dilemme : s'unir et prospérer ou se déchirer et mourir. Il découle de cette préoccupation que les gouvernants africains doivent construire un continent de véritables voisins afin que d'une seule voix, l'intégration politique soit efficiente. Car, « le miel a-t-il jamais été fait par une seule abeille de la ruche ? »[27]. À cet égard, il y a une nécessité de vivre en bon rapport avec nos voisins en dépit du fait que nous ne partageons pas leurs modes de vie. J.J. Rousseau semble avoir raison en affirmant que « l'homme recherche plus l'auteur du mal, cet auteur, c'est toi-même. Il n'existe point d'autre mal que celui que tu fais ou que tu souffres, et l'un et l'autre te viennent de toi »[28]. L'Afrique des crises, l'Afrique divisée n'aura son salut que par la fraternité. Notre continent est contraint de devenir celui de bons voisins.

Car, pour reprendre les mots d'Edem Kodjo, si l'Afrique d'aujourd'hui, déchirée et tiraillée entre des influences multiples, reste absente de la scène politique mondiale, elle peut, en s'organisant, apparaître comme une puissance avec laquelle les autres continents ou nations devront compter. Il apparaît donc qu'il est souhaitable pour les États africains de commencer par pratiquer entre eux la solidarité africaine tant vantée. Il est, dès lors, indéniable qu'un système, du moins, une vie universelle, c'est-à-dire un système de dépendance multilatérale existe entre les États africains. Le dynamisme dans les relations africaines doit prendre en compte la sécurité collective. Celle-ci consiste à favoriser l'entente entre les nations afin de faire naître la confiance pour la fidélisation des frontières.

Cette fidélisation ne doit cependant pas engendrer un nationalisme, source d'égocentrique des nations. En effet, « le nationalisme est insuffisant pour résoudre toutes les contradictions naissantes d'un pays. De plus le nationalisme risque de fermer la voie de l'indépendance totale de l'Afrique entière. Le socialisme, lui, peut être construit dans chaque pays d'Afrique et favoriser ainsi l'homogénéité

---

[26] DIAKITE, Samba, « *L'autre et sa langue : La langue du refus* » in Les Portiques 2005, p.3.
[27] SMART, *op. cit*, p.18.
[28] ROUSSEAU, Jean .Jacques, *Emile ou l'Éducation*, Paris, Gallimard, 1969, p. 414.

structurelle du continent et, par-là, son unité économique et politique »[29]. Si pour certains penseurs ou critiques, la tâche fondamentale qui incombe au « panafricanisme rationalisé » consiste à élaborer un plan d'unification territoriale du continent africain ; tout le monde convient bien que seule la coopération, le bon voisinage peut favoriser une intégration politique.

« L'idée que la coopération est indispensable à l'avènement de la paix et du progrès ne provoque guère d'opposition. Chaque fois que les dirigeants africains ont des entretiens, ils reconnaissent que l'Afrique doit s'unir afin d'accéder à une indépendance pleine et entière »[30]. Il est indésirable que la structure économique dont les Africains ont hérité au moment de l'indépendance soit en contradiction avec la coopération. C'est pour ce fait que « pour pouvoir coopérer pleinement entre Africains, il faudra d'abord que nous nous libérions des contraintes et des engagements dont nous avons hérité au moment de l'indépendance »[31].

L'individualisme inculqué par la métropole doit faire place au collectivisme afin que la guerre des frontières disparaisse. L'Afrique doit, en dépit de ces diversités, tirer profit de ses divergences. Ces différentes frontières ne devraient pas être un handicap pour une « coopération efficace ». À l'évidence les tentatives d'unification se heurtent à des antagonismes d'origine politique, culturelle, raciale et historique. Cependant, un échange très fructueux entre les nations s'avère incontournable.

« À l'heure actuelle, quelques pays africains ont un surplus de produits agricoles tels que la viande, les fruits et légumes alors que d'autres achètent ces mêmes produits outre-mer »[32]. Qui plus est « quelques pays ont même hypothéqué à l'étranger la totalité de leur production de certaines denrées pour de nombreuses années, sans tenir compte des variations de prix et des fluctuations du marché, au détriment de leur expansion agricole »[33]. Pour mettre un terme à ces conflits frontaliers, il est important de privilégier les échanges régionaux en minimisant, l'« économie verticale » qui est orientée vers l'Europe. Les États africains pourront harmoniser et coordonner leurs plans d'échanges. Il faut encourager ainsi les stratagèmes qui visent à combler les pénuries d'autres nations. Les pays africains ont certes des intérêts divergents, rendant complexes certains accords,

---

[29] EILUNGU, PEA, Éveil philosophique africain, Paris, Harmattan, 1984, p.155.
[30] SMART, *op. Cit.*
[31] *Ibidem*
[32] SMART, op. cit, p.56
[33] *Ibidem*

mais l'intégration politique nécessite, en plus d'une volonté, une décision des États. Les dirigeants politiques sont contraints de mettre dans les oubliettes leur mauvaise foi pour pouvoir pratiquer les valeurs morales de l'Afrique. L'UA doit donc avoir un rôle régalien pour permettre aux États africains de coopérer dans une franchise totale afin qu'ils « soient uns »[34].

Conclusion

Est-il besoin de rappeler que les conflits inter-États ou territoriaux constituent une embûche à l'intégration politique africaine? Pour pallier ces conflits de terres, d'eaux, de forêts etc., les États africains, dans une franche collaboration, doivent s'entraider. La fin de ces sérieuses sources d'instabilité rime avec des échanges régionaux afin que d'autres pays n'aient pas les yeux rivés sur les biens des autres. À ce prix, les convoitises, les envies pourront faire place à une solidarité.

L'intérêt et le désir qu'auront les pays africains de s'entraider, de trouver un terrain d'entente pourront mettre fin à l'égoïsme pour un humanisme. Cette humanité, on ne peut le nier, procède inéluctablement de la confiance des uns envers les autres. L'indépendance politique nécessite que les Africains défendent leurs intérêts ou leurs objectifs communs. La coopération qui devient un moyen de sublimation fera disparaître cette montée correspondante des instincts d'exploitation, de haine, de convoitise et de vengeance.

Références bibliographiques

ABWA, Daniel, «Les seize pour les États-Unis d'Afrique: Kwame Nkrumah revisité» in *Intellectuels, nationalisme et idéal panafricain. Perspective historique,* sous la direction de Thierno Bah, Dakar, CODESRIA, 2005.

BABEUF, La conspiration pour l'égalité, paradigme de l'institution révolutionnaire dans la pensée du XIXe siècle, Paris, Gallimard, 1973.

Diakité, Samba, « *L'autre et sa langue : La langue du refus », in Les Portiques*, 2007.

DAVID MUSA, Soro, « De l'intégration comme condition de la paix et du développement de l'Afrique » in Notre Afrique 3eme Trimestre 2009 n° 003, p.63.

ELUNGU, P.E.A., *Éveil philosophique africain*, Paris Harmattan, 1980.

---

[34] ABWA, *op. cit*, p.87.

ETONGUE MAYER, Raoul, *Afin que l'Afrique noire aille mieux..., plaidoyer pour le réveil de la conscience des questions fondamentales negro africaines*, Abidjan, Nouvelles, Éditions Ivoiriennes, 2001.

FREUD, Sigmund, *L'avenir d'une illusion*, Paris, PUF, 1971.

GONIDEC, P.F, *Les systèmes politiques africains,* Paris, Librairie de Droit et Jurisprudence, 1974.

JEAN-CLAUDE, Guérin, « *Reconnaître et développement une véritable culture et technique* », in Ville-Ecole-Intégration Paris, no 116, Mars, 1999, p.156.

HOTTOIS, Gilbert, *Aux fondements d'une éthique contemporaine. H.Jonas et H. I. Engelhard en perspective*, Paris, J.Vrin, 1993.

KERGNE, François, *La nouvelle Afrique* N° 4 juillet-aout 2002.

KODJO, Edem, *Et demain l'Afrique ?* Paris, Édition. Stock, 1986.

LAUROFF, D.G., *Les systèmes institutionnels en Afrique Noire : les Francophones*, Paris PADOU, 1986.

MUTAKA, D. K., *Protection des écosystèmes et des sociétés d'États d'urgence en Afrique*, Paris, Harmattan, 1994.

NIETZSCHE, *Considérations inactuelles I et II Textes et variants.* Traduit de l'allemand par Pierre Rush, Paris Gallimard, 1960.

TIDIANE, Djibril, *L'Afrique malade d'elle-même*, Paris, Karthala, 1986.

TOWA, Marcien, *Éssai sur la problématique philosophique dans l'Afrique actuelle*, Yaoundé, Clé, 1961.

Penser la parole politique en Afrique : pour une démocratie et cohésion sociale durable

Léonard Kouadio, KOUASSI*

Introduction

Au regard des multiples crises, à n'en point finir, qui minent notre Afrique, nombreuses sont les études qui présentent ce continent comme étant le seul qui, jusque-là, refuse d'appliquer les règles universelles du jeu démocratique. Ainsi les différentes guerres ou rebellions, qui pullulent, ça et là, sous les tropiques, sont mises au compte de certains dirigeants qui refusent de céder le pouvoir lorsqu'ils sont au terme de leur mandant. Aussi lorsqu'on feigne ne pas trouver la cause tout près, on se refugie dans des stéréotypes bien connus, tel l'argument du néo-colonialisme. Car l'Occident est pour bon nombre d'Africains, surtout la jeunesse cultivée, cette main invisible qui, en prenant le prétexte de la démocratie et de la bonne gouvernance, développe des arguments en vue d'ébranler les sociétés africaines déjà fragilisées par une longue histoire de domination. Cela dit, l'heure n'est plus aux réquisitoires et aux récriminations, car notre Afrique est malade.

Où faut-il chercher fondamentalement l'origine du mal ? N'est-ce pas peut-être dans un ailleurs des valeurs démocratiques elles-mêmes comme lieu de leur vérité ?

À la vérité, les énergies centrifuges, qui éloignent les couches sociales les unes des autres, résideraient dans le mauvais usage de la parole qu'elle soit orale ou technicisée. En clair, les crises politiques ne naissent pas essentiellement du refus de l'application des normes démocratiques, elles surgissent parce que le politique a déjà refusé la parole en sa pleine souveraineté.

Or « *quand ce rapport de souveraineté se renverse, d'étranges machinations viennent à l'esprit de l'homme* »[1]. D'où la nécessité de la penser en son être essentiel en vue d'une désaliénation du discours politique. Une telle approche des conflits politiques en Afrique peut se

---

*Assistant .Institut National Supérieur des Arts et de l'Action Culturelle (Côte d'Ivoire)

[1] HEIDEGGER, Martin, *Essais et Conférences*, Trad. A. Préau, Paris, Gallimard, 1958, p.227.

saisir à partir d'un plan tripartite libellé comme suit :

I. De la politisation politicienne de la parole dans l'espace public
II. De la crise des discours à la crise entre les peuples.
III. De la nécessité d'une phénoménologie de la parole pour un débat démocratique apaisé.

De la politisation politicienne de la parole dans l'espace public

Longtemps considérées comme des havres de paix, les sociétés traditionnelles africaines ont connu des mutations spectaculaires, changeant ainsi la mentalité et la personnalité de l'homme africain lui-même. Là où l'on pouvait voir les individus enracinés dans leur tradition autour de l'arbre à palabre, aujourd'hui, c'est l'Afrique de la modernité avec d'autres valeurs, d'autres cultures. Les modes de gestions traditionnelles sont remplacés par des institutions venues du haut de l'échelle sociale, c'est-à-dire de la capitale. En un mot, l'Afrique traditionnelle, ce que nous appelons la « première Afrique », celle ancrée dans ses modèles de gouvernance et de gestion des crises, propre à elle, est tombée en désuétude. Là où la parole, parce qu'efficace en son essence, délie les mauvaises langues et apaise les cœurs, se trouve abandonnée et ainsi faisant place à un autre mode du dire.

C'est, à la fois, ce regret et cette nostalgie que le professeur Samba Diakité exprime en ces termes : « *Pour ce qui concerne la civilisation africaine, son mode d'être procède avant tout du verbe, qu'il soit parole, rythme ou symbole. Le griot, maitre de la parole ne connait que la parole. Le verbe est un instrument, la parole sa raison de vivre, sa vie ; car c'est de la parole qu'il tire non seulement sa subsistance mais aussi son statut dans la société. Pour le griot africain, la parole est nourriture, pas parce que la parole se mange, mais parce que la bonne parole n'est bonne qu'à être dite. Elle doit être dite. Le meilleur roi, le meilleur chef, est celui qui possède un bon griot. La modernisation de cette "griotique"aujourd'hui, (...) semble être la mise en place des structures de la communication* »[2].

Ce nouveau mode du dire trouve écho dans un espace où les valeurs nouvelles, elles-mêmes, venues d'ailleurs, obéissent à des critères qui les caractérisent fondamentalement. Ainsi le verbe, dans ses nouvelles manifestations, au cœur des sociétés modernes

---

[2] DIAKITÉ, Samba, *Philosophie et Contestation en Afrique : Quand la différence devient un différend*, Paris, Éditions Publibook, 2011, p.151.

africaines, est soumis à un nouveau dictat ; celui des hommes politiques. Dans cette perspective, se saisit tout le sens de cette parole quasi présente chez certains leaders africains en vogue sur le marché de la politique aujourd'hui : Moi je fais la politique ! Mais qu'entendre par l'expression faire la politique ?

En effet, de nos jours, s'engager dans la politique en Afrique, c'est prendre la résolution, soit par des élections soit par des nominations d'administrer ou de gouverner des personnes installées sur un espace social donné. Ce qui signifie que le candidat pour des élections municipales, législatives ou présidentielles est considéré comme un homme politique. Mais comment opère-t-il ? Quelles sont les méthodes d'approche des électeurs lors des différentes campagnes électorales ? Pourquoi les élections, dans nombre de pays, en Afrique, finissent à chaque fois dans le sang ? Est-ce essentiellement à partir du refus de l'application du jeu démocratique ou de l'application des règles juridiques ?

Comme mentionné plus haut, la question des crises sociétales n'est nullement une question qui doit se traiter de façon superficielle. Cette question est fondamentale, car si elle est pour ainsi dire bien traitée, elle peut donner des réponses claires à la question de l'instabilité que connaissent les différents espaces publics africains. Ainsi les espaces publics doivent s'entendre comme le lieu ouvert à l'homme africain où sont exposées au quotidien les préoccupations d'ordre politique. Mieux la définition de l'espace public doit se comprendre à partir du sens aristotélicien du mot *Polis*, c'est-à-dire la cité où vivent des citoyens. À ce titre, parler de la politisation politicienne de la parole, dans l'espace public, revient à stigmatiser l'instrumentalisation pernicieuse et politicienne de la parole, qu'elle soit verbale ou qu'elle relève des propagandes médiatiques dans les États africains.

Mais avant de cerner l'usage technique de la parole par les médias, méditons en direction de l'usage de la parole par le politique lui-même en tant qu'acteur. C'est avec cette pensée de Martin Heidegger que nous entamerons l'analyse. Selon lui, « *le langage nous refuse encore son essence, à savoir qu'il est la maison de la vérité de l'Être* »[3]. Au regard donc de cette pensée, nous pouvons dire que le politique africain n'entretient aucun rapport de proximité avec l'être de la parole. La parole, dès lors, est érigée en instrument ou est considérée comme un étant. Si Heidegger entend "l'étant" comme ce qui donne à penser à l'inessentiel, nous pouvons dire que le politique, usant la parole, ne pense aucunement à sauver l'essentiel.

---

[3] DIAKITÉ, Samba, *Philosophie et Contestation en Afrique : Quand la différence devient un différend*, Paris, Éditions Publibook, 2011, p.151.

Au contraire, il cherche, au cours des différentes compétions qui les opposent entre eux, à maitriser l'auditoire. Dans cette perspective, la parole « ... *apparait comme le réel dans le tissu des causes et des effets* »[4]. S'il en est ainsi, la finalité visée est la sensation qu'il convient d'exercer sur le peuple. Cette sensation est une forme d'embrigadement de l'esprit du citoyen. Il est réduit à une chose, puisqu'on lui refuse toute liberté. Seule la volonté du politique importe en lui dictant pour ainsi dire sa loi. Dans ce double jeu du calcul et de l'action où ce qui prime est l'efficacité, Heidegger, à propos de l'étantisation de la parole, affirme ce qui suit : « *le langage se livre bien plutôt à notre pur vouloir et à notre activité comme instrument de domination...* »[5].

En nous inspirant de cette pensée qui semble traduire l'état d'esprit des politiques africains, nous pouvons dire que l'Afrique aujourd'hui est comparable à la Grèce antique. Ainsi le politique africain, à l'image des sophistes, pense que la maitrise de la parole ou de la rhétorique est un avantage majeur. Parce qu'en la maitrisant, l'on peut accéder facilement au pouvoir mais aussi acquérir facilement tous les attributs de ce même pouvoir. On pourrait dire que pour les leaders politiques africains, Gorgias est un modèle à imiter lorsque, dans un débat avec Socrate, il dit ceci : « ...*Être capable par des discours de persuader les juges au Tribunal, les conseillers au Conseil, le peuple assemblé à l'Assemblée et dans toute autre réunion qui soit une réunion de citoyens. En vérité, grâce à ce pouvoir tu feras de ton médecin ou de ton pédotribe un esclave...* »[6].

En effet, par cette alchimie de la parole, le politique est vu comme un marchand vulgaire et un griot des temps modernes qui se promènent de ville en ville et de hameau en hameau pour accrocher des électeurs pour la plupart analphabètes et surtout passionnés. Cela se reconnait plus facilement à travers les slogans de campagne que l'on peut lire à travers les grandes agglomérations. C'est les cas, par exemple, en Côte d'Ivoire où l'on pouvait lire sur certaines affiches publicitaires les phrases suivantes : « on gagne ou on gagne », « il n'y a rien en face ». Ainsi, en examinant avec objectivité ou en psychanalysant ces slogans, il y a ce que l'on peut lire spontanément à travers les mots sur les affiches et ce qu'ils cachent comme intentions. En ce sens, si nous affirmons avec Hegel que « *Le mot*

---

[4] *Ibidem*

[5] *Ibidem*

[6] PLATON, *Gorgias*, Trad. B. Piettre, Paris, Hatier, 2000, p.19.

donne, (...), aux pensées, leur être-là le plus digne et le plus vrai »[7], alors nous pouvons comprendre, avec preuve, que certains slogans politiques trainent la parole dans la banalité mondaine. Or il s'agit pour ces leaders politiques de tenir le destin des citoyens qu'ils aimeraient gouverner. Ainsi en tombant dans la pire forme de la banalité mondaine, c'est-à-dire dans le bavardage, le dire politique investit tous les milieux sociaux. Désormais, le politique, en tant qu'acteur, n'est plus celui qui porte le Dire. Mais parce qu'il l'a porté vers la déchéance inévitable que les différents propos donnent entièrement dans la trivialité. La parole se ramasse même dans les rues. Comment comprendre à ce niveau cette autre forme d'instrumentalisation de la parole politique ?

En affirmant que la parole se ramasse dans les rues, nous voudrions indiquer combien le dire politique descend dans les sentiers battus. Désormais, les partis politiques sont secondés dans leur ignoble tâche de propagande par les médias. En clair, les médias publics ou privés représentent des appendices des partis politiques. Ce qui signifie que la presse écrite et audiovisuelle, dans la plupart des pays africains, sont au service des acteurs politiques. Dans un tel contexte, les médias sont la manifestation tangible et visible des idées, des paroles des leaders politiques. Le bon journaliste, dans cette perspective, est celui qui sait vendre son candidat au mépris des règles de la déontologie de son métier. Car « *un bon pouvoir est celui qui se "vend", qui a une politique de communication très efficace. Un bon représentant d'une institution, d'une firme commerciale doit avoir l'art de convaincre. Les journalistes d'aujourd'hui sont ce qu'étaient les griots d'hier dans l'Afrique ancienne* »[8].

Cela dit, quand la parole atteint sa vitesse de croisière dans les sciences et techniques de la communication, elle sort pour ainsi dire de son élément. Sortir de son élément, pour emprunter une expression heideggérienne, c'est s'éloigner de sa terre natale, c'est-à-dire là où le parler humain se donne à saisir dans la clairière de l'Être. N'étant plus dans l'ouvert de sa propre vérité, le parler humain est embrigadé par les intelligences artificielles qui produisent en masse. C'est pourquoi l'on verra que les politiques investissent quantités d'argents lors des différentes compagnes qui précèdent les élections présidentielles. Ceci pour dire que les citoyens sont accrochés par les différentes publicités ou les titres sensationnelles que distillent ces journaux. C'est pourquoi nous constatons de plus en plus dans les rues des grandes capitales des

---

[7] HEGEL, Friedrich, *Encyclopédie des sciences philosophiques, tome III, Philosophie de l'esprit,* Trad. B. Bourgeois, Paris, Vrin, 1998, p.561.
[8] DIAKITÉ, Samba, *op. cit.*, p.151.

pays Africains, des attroupements devant des kiosques à journaux où peuvent s'entendre plusieurs commentaires. Le comble est que ces lecteurs appelés "Titrologues"[9] sont déjà portés vers des journaux dits proches de leurs partis politiques. Face à de telles aberrations, comment ne pas s'attendre à des fractures sociétales puisque les différents modes du dire sont déjà menacés dans leur mode de fonctionnement. On pourrait dire que les dés sont déjà pipés.

Nous pouvons, pour l'essentiel, affirmer que la politisation politicienne de la parole dans les espaces publics africains, par les acteurs politiques, est chose quasi permanente dans tous les pays du Sud. Les différents hommes politiques, au nom du pourvoir qu'ils cherchent à protéger ou à conquérir, se sentent dans l'obligation de mentir à leurs peuples. C'est cette situation assez triste que Laurent Habib dénonce en ces termes : « *Insensiblement, nous avons glissé d'un divorce entre parole et vérité vers une dissociation entre parole et action. Non seulement les mots n'engagent plus, mais ils échouent à transformer le réel. La politique lieu par excellence où le verbe est censé être action perd l'origine et le moteur de sa force et sa légitimité. Face à cette nouvelle fracture, les opinions ne sont pas seulement cyniques, elles cèdent au désabusement...* »[10]. Le politique, en engageant tout le peuple, se découvre dans une véritable guerre des paroles qui, inéluctablement, aboutit à la guerre physique entre les peuples.

De la crise des discours à la crise entre les peuples

Comment la crise des discours peut-elle expliquer la crise entre les citoyens d'un même espace public ou d'une même communauté ? Nous tenterons d'apporter quelques éclairages sur ce chapitre en nous inspirant du philosopher heideggérien relatif à l'attitude des Dasein-en-compagnie-avec-autrui. Cela dit, comment cerner le sens du Dasein qui est préoccupé avec autrui ?

La préoccupation doit s'entendre à partir de l'embarquement pour ainsi dire des différents Daseins. S'agit-il de quel Dasein ? Il s'agit bien entendu des citoyens, des personnes physiques et morales toujours presque soumises à l'écoute des belles paroles des hommes

---

[9] C'est un néologisme né à partir du jargon ivoirien. Ce sont ceux qui ne s'intéressent qu'aux grands titres des journaux. Il suffit, pour ces drôles de lecteurs, de se limiter à un simple titre et propagent les informations avec des commentaires de tout genre, qui le plus souvent, ne collent pas avec le développement à l'intérieur même du journal.

[10] HABIB, Laurent, *La Communication Transformative. Pour en finir avec les idées vaines*, Paris, PUF, 2010, p.57-58.

politiques. Car si la parole s'éloigne de son essence et devient inauthentique, les individus eux-mêmes connaissent du coup une véritable déchéance. Ce qui veut dire que ce qui les préoccupe essentiellement est la survie individuelle. En clair, les Dasein individuelles (les acteurs politiques qui embarquent avec eux tout le peuple) rentrent dans une telle préoccupation à telle enseigne qu'ils cherchent, de part et d'autre, à outrepasser la présence de l'autre. Cette préoccupation est la caractéristique fondamentale des acteurs politiques. Cette façon pour chacun de se préoccuper de son être-au-monde peut se comprendre à travers cette pensée de Christian Dubois: « *Le monde est monde commun. Cette communauté est la plupart du temps puisée dans l'espace public de la préoccupation* »[11].

Sous ce rapport, nous pouvons dire que l'usage banal de la parole qui se veut comme mise en activité des organes tels la bouche, la langue ou la presse écrite et les intelligences artificielles traduit la lutte à mort qui oppose les hommes entre eux dans l'espace qu'ils occupent. Heidegger peut dire : « *Dans l'usage des moyens publics (...) et dans le recours des organes d'information (journal), chaque autre équivaut l'autre. Cet être-en-compagnie fond complètement le Dasein qui m'est propre dans le genre d'être des « autres » à tel point que les autres s'effacent à force d'être indifférenciés et anodins* »[12]. En effet, ni l'un ni l'autre, n'est prêt à l'ouverture. Tous se fondent dans une sorte d'existence opaque et banale les trainant dans ce que Heidegger appelle « la voie du On », c'est-à-dire, l'enlisement loin de la vérité de l'Être. Quelle est la marque ou l'apport négatif de « la voie du On » dans nos différents États ?

Il faut d'abord entendre le vocable « On » ici comme ce qui définit l'insouciance des acteurs politiques quant au destin des peuples. En d'autres termes, tout le jeu des beaux discours ne visent rien d'autre que l'endoctrinement des électeurs. Ils leur donnent le sentiment qu'ils sont au cœur de leurs préoccupations en leur miroitant des lendemains meilleurs qui se transforment, à leur grande surprise, en des conflits auxquels ils ne se sont jamais préparés. Christian Dubois citant Heidegger écrit ceci : « *soit dit Heidegger, je me substitue à autrui, je m'occupe pour lui, à sa place, de ce dont il y a à s'occuper, et dans cette substitution je le "domine". Dès lors, la "vue" qui conduit à la sollicitude, l'égard et l'indulgence tourne à l'absence d'égards et à la tolérance indifférente. Comment penser cette*

---

[11] DUBOIS, Christian, *Heidegger. Introduction à une lecture*, Paris, Editions du seuil, 2000, p.282.

[12] HEIDEGGER, Martin, *Etre et Temps*, Trad. F. Vezin, Paris, Gallimard, 1986, p.170.

domination ? Il ne s'agit pas de la domination de l'un sur l'autre, de l'un par l'autre, mais l'espace de l'être l'un avec l'autre comme espace de domination de l'un, des uns par " les autres en général", de l'espace du On »[13].

On peut déjà, à partir de cette pensée de Dubois, comprendre que, lorsque le dire politique cherche à instrumentaliser toute une communauté, c'est qu'il l'a déjà divisé en son essence. Cela dit, quelle image réelle dégagent nos différentes communautés au cours et après les différentes élections présidentielles ?

Suite à cette question, nous pouvons affirmer, qu'en réalité, il n'existe point de différence entre le dire et le faire. Ainsi du point de vue métaphysique, le politique, devenu vendeur d'illusions, a déjà fracturé la société. Il l'a déjà virtuellement atteint en son essence et cela se concrétise potentiellement à travers les conflits armés. C'est cette action dangereuse du dire que le linguiste Oswald Ducrot, à travers l'analyse de la théorie des actes du langage, traduit en ces termes : *« en disant je te promets de venir, je fais l'acte qui est mentionné dans l'énoncé, je promets. Il en va de même pour je t'ordonne, je te permets, etc. »*[14]. Ainsi comme les peuples d'Europe l'ont vécu avec Adolf Hitler et Mussolini lors de la deuxième guerre mondiale, les leaders politiques africains n'hésitent pas à remplir des stades ou des places publiques en vue d'haranguer leur peuple. Le charisme que développent ces acteurs est à la mesure de la violence que subissent les communautés.

Retenons, pour ce faire, que la violence, ici questionnée, doit se comprendre à partir de deux sens significatifs. Car elle est à la fois d'ordre psychologique, morale et physique. Ainsi, nous constatons que les différents pays africains, sous la totale emprise de la civilisation occidentale en général et des modes de gouvernance importés, traversent pratiquement les mêmes crises. Ces États, partageant, dans leur majorité, la même histoire coloniale et postcoloniale, ont aussi pour dénominateur commun la même "tactique de la vie" pour emprunter un terme de Spengler. Ce qui signifie que les politiques utilisent les mêmes techniques et outils de communication. Tout fonctionne comme dans un système technicien surtout que la technique ne se limite pas seulement à son aspect instrumental. Pour le comprendre, nous passerons en revue cette grande chaîne qui explique toute la machination de la parole depuis le politique jusqu'aux intelligences artificielles.

---

[13] DUBOIS, Christian, *op. cit.*, p.281

[14] OSWALD, Ducroit, « De Saussure à la philosophie du langage », *dans R. Searle, Les Actes de langage*, p.11

Suivons ce périple : le politique nourrit une idée en vue d'un discours, le discours est rapporté et amplifié par les journaux. Le relais est pris par les chaînes de radios et de télévisions avec des commentaires en appoint pour exposer les qualités du candidat. Enfin la cybernétique, dans sa phase actuelle avec l'Internet, vulgarise ledit discours. Bref, comme pouvait l'écrire Monsieur Sidiki Diakité « *la machine est un auxiliaire du cerveau, une annexe du langage* »[15]. Au regard d'une telle analyse, que dire de la "Radio mille collines" qui, à travers des propos de certains acteurs politiques, a envenimé la guerre au Rwanda ? Que dire de l'action des télévisions privées un peu partout en Afrique maintenant ? Sans oublier des sites Internet venus des pays occidentaux qui divulguent les propos des acteurs politiques souvent au grand mépris des règles de l'éthique et de la déontologie. Certes, leur présence témoigne de la soi-disant avancée de la démocratie. Au contraire, ces outils modernes de communication sont des moyens de pression et de divulgation rapide de la violence. Ceci pour dire que la guerre des discours, déjà en amont des peuples, conduit inéluctablement en aval, ces derniers vers la déchéance humaine totale. Mieux la déréliction du verbe provoque la déréliction sociale.

Mais parce qu'égarés par les bruits et bavardages de la quotidienneté mondaine, les hommes ont les yeux rivés sur la question de la mauvaise application des règles démocratiques et ne se sont jamais rendus compte que l'origine de la crise est à chercher tout près d'eux-mêmes, c'est-à-dire dans la parole. Dit autrement, le vrai problème se trouve dans la manipulation sophistique de la parole par certains hommes politiques. Car ce sont leurs intérêts qui les préoccupent et non ceux de la communauté. Or, nous savons que « *dans toutes les cultures négro-africaines "authentiques", tout ce qui est fruit du penser de l'homme, les valeurs, les catégories, les significations sont attribuées à la communauté sociale. En s'éloignant de cette conception du monde, le négro-africain souffrirait de déséquilibre* »[16]. Ce déséquilibre culturel est déjà une forme de violence. Car : « *en partant des effets de réarrangement et/ou de "dérangement" internes des sociétés africaines dans leur contact brutal avec les technologies modernes et "dites occidentales" on s'aperçoit que le transfert de technologie est violence...* »[17]. Dans cette optique, quel est le regard que nous pouvons porter sur la

[15] DIAKITÉ, Sidiki, *Technocratie et Question africaine de développement,* Abidjan, Éditions Strateca Diffusion, 1994, p.72.
[16] DIAKITÉ, Sidiki, *op. cit.*, p.157.
[17] *Ibid*, p.165.

politique elle-même en tant que destin commun des Africains ?

Il convient d'indiquer que la politique, en tant qu'institution sociale et moderne, venue d'ailleurs et instituée en Afrique, ne vise pas l'essence de l'humain, puisqu'il n'est pas questionné fondamentalement. En d'autres termes, la politique telle qu'elle se pratique aujourd'hui sous les tropiques, traduit la dégradation totale de l'humanisme africain. Cette crise entière de l'humanisme en Afrique, elle-même, résulte des crises identitaires causées par des discours xénophobes et haineux.

Aujourd'hui lorsque nous constatons qu'au cours des conflits en Afrique, certaines personnes participent à des crimes crapuleux, en brulant des personnes vives, nous pouvons avouer, sans complaisance, que le continent Africain s'est éloigné de ses valeurs fondatrices telles l'hospitalité et l'amour du prochain. Or, nous savons qu'en Afrique, tout est langage. Le monde et les choses qui nous entourent parlent en livrant par le biais de symboles les secrets de l'univers. Écoutons le professeur Samba Diakité lorsqu'il affirme que : « *le langage apparait ainsi comme le tissu ontologique dont est fait l'univers* »[18]. Cet univers, étant fermé à la parole en tant que parole afin de dévoiler le secret des choses aux hommes, que peut-on dire du rapport que l'homme africain entretient avec l'éthique ?

Aujourd'hui, les crises sociétales dues à la crise des paroles sont, dans une large mesure, une crise des valeurs. Ainsi la question éthique est mise sous le boisseau. Autrement dit, cette question elle-même a été corrompue en son essence. Car en manquant le verbe originaire, les acteurs politiques ont bafoué toutes les normes entrainant avec eux les masses pour la plupart analphabète. Sinon, pourquoi parler d'éthique ou de déontologie là où la violence est monnaie courante ?

En tout cas, tout porte à croire que la parole politique, non pensée en son être fondamental, est aujourd'hui à l'origine de bon nombre de conflits armés sur le continent. N'étant pas questionnée fondamentalement, la parole représente un danger permanent pour les politiques mais surtout pour la population entière. L'on pourrait, d'une certaine manière, accuser la mauvaise gouvernance et le refus d'appliquer les règles démocratiques, mais nous pensons que, si le Discours qui fait de l'homme le seul étant capable de parler n'acquiert pas une entente plus essentielle, les acteurs politiques en particulier et les Africains en général connaitront aussi longtemps des conflits armés.

C'est pourquoi, nous préconisons une véritable phénoménologie de la parole politique en vue d'un débat démocratique apaisé en Afrique.

---

[18] DIAKITÉ, Samba, *op. cit.*

De la nécessité d'une phénoménologie de la parole pour un débat démocratique apaisé

Pourquoi faire une phénoménologie de la parole surtout que la parole elle-même, dans une acception heideggérienne, est ce qui donne à penser à ce qui se présente comme pur phénomène ? Justement penser à une phénoménologie de la parole revient à dire que l'Africain en général et le politique en particulier, ont oublié de situer la parole comme étant le phénomène humain le plus essentiel à considérer en toute chose ; car notre exister en dépend. Mais, malheureusement, les Africains, portés de plus en plus vers les choses matérielles, ont pour ainsi dire oublié la dimension mystique et sacrée du parler humain.

Ainsi l'approche phénoménologique de la parole doit être comprise comme une invitation aux politiques africains afin qu'ils gardent en mémoire un rapport substantiel aux différents discours qu'ils donnent çà et là devant des auditoires souvent peu instruits. Mais que signifie fondamentalement garder en mémoire un rapport substantiel à la parole ? N'est-ce pas situer le dire politique des dirigeants africains dans la proximité de l'être de la « Dite elle-même », c'est-à-dire là « *où déjà nous avons séjour* »[19] pour emprunter les termes de Heidegger.

Loin de donner dans une vue assez théorique, ce chapitre tentera d'indiquer que l'homme africain doit chercher à comprendre l'origine de son mal contemporain qu'est la guerre des pouvoirs. Une telle compréhension doit porter essentiellement sur l'humain lui-même en tant qu'être doté de pensée. Mais comment comprendre le mot "pensée" ici ? Les politiques africains ne sont-ils pas des êtres intelligents donc pensants ? Nous ne le nions pas. Cependant, la démarche phénoménologique que nous jugeons nécessaire doit, comme dans une réduction eidétique, conduire à distinguer la pensée qui se manifeste chez l'animal *rationale-politikon-africain* de la pensée pensante qui pourrait déterminer l'essence de l'homme africain à partir de la parole authentique. Car le premier mode qui consiste à penser en dehors de la parole en tant que parole voit : « *...le langage dans une correspondance à l'essence de l'homme, en tant que cette essence est représentée comme animal rationale* »[20]. On peut

[19] HEIDEGGER, Martin, *Acheminement vers la parole*, Trad. J. Beaufret, W. Brokmeier et F. Fédier, Paris, Gallimard, 1994, p.14.

[20] HEIDEGGER, Martin, *Lettre sur l'humanisme*, Trad. R. Munier, Paris, Aubier-Montaigne, 1983, p.83.

comprendre par cette affirmation que l'enjeu porte sur la réhabilitation de l'essence du dire politique en vue de l'essence de l'homme africain dans un espace public apaisé. Toute cette lumière étant faite sur les différentes interrogations suscitées au début, comment doit-on appréhender la question du dire politique dans son rapport avec la question démocratique en Afrique ? Quelles sont les exigences auxquelles doit se plier le politique africain pour une désaliénation de la parole ? N'est-ce pas en situant la parole politique, au sens moderne du terme, dans un nouvel univers où le sacré ne trouble pas le moderne et où le moderne n'ignore pas le sacré que les Africains seront à l'abri des crises politiques ? Pour dire simplement qu'opérer une phénoménologie de la parole de ce travail qui est le nôtre ne consiste-t-il pas à faire une poétique de la parole politique ?

En effet, le politique africain doit ouvrir son dire vers le site où la parole se donne à comprendre dans la proximité de l'Être, car selon Martin Heidegger : « *la parole est bien plutôt la maison de l'Être en laquelle l'homme habite et de la sorte ek-siste* »[21]. En réalisant que la parole conditionne pour l'essentiel la quiétude de la communauté, le politique pourra revoir son rapport avec la parole. Revoir son rapport avec la parole, c'est comme nous l'avons susmentionné, devenir simplement un poète. Devenir un poète, c'est s'ouvrir à la lumière de la pensée qui n'instrumentalise pas la parole mais qui la considère comme un élément sacré. Celui qui devient un poète, qu'il soit politique ou journaliste, s'arme d'instrument de sagesse car : « *la poésie ce n'est pas un jeu. Le rapport à elle n'est pas une détente ludique dans laquelle on s'oublie, c'est l'éveil et la concentration de l'essence la plus propre de l'individu, grâce à quoi il se ressource au plus profond de son Da-sein* »[22]. Désormais, le politique africain devenu poète peut engager une nouvelle pédagogie du discours politique puisqu'il sait que la parole elle-même est un don des dieux. Elle ne s'utilise pas n'importe comment. Mais déjà engagé sur la voie de la modernité avec ses modes contemporains de gouvernance, comment ce retour à une poétique de la parole politique pourrait-il être possible ? Le débat doit-il se situer comme un appel aux sources ? Comment l'entente poétique de la politique en Afrique de nos jours peut-elle être réalisable ? La démocratie telle qu'elle fonctionne à l'occidental et importée en Afrique peut-elle engager un réel dialogue dans l'esprit d'une poétique de la parole au sens où nous l'exigeons aux leaders politiques africains ?

---

[21] *Ibid,* p.85

[22] HEIDEGGER, Martin, *Les hymnes de Hölderlin : La Germanie et Le Rhin*, Trad. F. Fédier et J. Hervier, Paris, Gallimard, 1988, p.19.

Nous pouvons dire, sans zèle, qu'il n'y a fondamentalement pas d'obstacle, car les jalons relatifs au débat des dialogues des cultures a été déjà jeté par les pionniers de la Négritude.

Pour récapituler la préoccupation qui sous-tend ce travail, nous nous interrogeons de la sorte : Comment l'Africain engagé dans une nouvelle façon de gouverner ses citoyens peut-il réussir sa mission en évitant les guerres inutiles qui accompagnent à chaque fois les différents scrutins électoraux ? N'y a-t-il pas cette particularité africaine qui puisse éclairer les discours des hommes politiques et les techniques modernes de communication qui les accompagnent lors des grands enjeux électoraux ? Comme mentionné ci-haut, c'est dans un véritable esprit dialectique que le débat doit s'engager loin des guéguerres culturelles. Méditons avec Senghor cette pensée : « *pour être vraiment nous-mêmes, il nous fallait incarner la culture négro-africaine dans les réalités du XXe siècle. Pour que notre négritude fut, au lieu d'une pièce de musée, l'instrument efficace d'une libération, il nous fallait la débarrasser de ses scories et l'insérer dans le mouvement solidaire du monde contemporain* »[23].

D'ailleurs à y voir de près, le concept de négritude lui-même est, en son essence, démocratique. Il suffit de contempler le concept de la Civilisation de l'Universel tel que prôné par Léopold Sédar Senghor. La « Civilisation de l'Universel » doit s'entendre dans la perspective du dialogue des cultures et de l'acceptation de l'Autre. Elle proclame le droit à la différence. En un mot, c'est la civilisation métissée. En ce sens, la pensée senghorienne peut faire, bien entendu, école quand on sait la considération particulière qu'il voue à la parole. Ce qui veut dire que rien n'arriverait à une fin heureuse sans une valorisation conséquente du dire. Si l'une des normes actuelles de la politique est la violence, seule un double dialogue qui se situerait à la fois au niveau du politique africain et des normes modernes de gestion des peuples et enfin au niveau des acteurs politiques africains eux-mêmes pourra contribuer efficacement à résoudre un tant soit peu ces crises. En d'autres termes, les exigences démocratiques elles-mêmes doivent se ressourcer à la racine nourricière de la parole en tant que parole. C'est en le faisant que les acteurs retrouveront la voix pour le dire juste. Sinon comment les pays occidentaux eux-mêmes, inventeurs de la démocratie moderne, arrivent-ils à organiser des élections sans pour autant rencontrer, dans leur majorité, les conflits que nous connaissons ? N'ont-ils pas les moyens de communications techniques et modernes les plus sophistiqués ?

Cela pourrait paraitre paradoxal, puisque la politique, en tant

---

[23] Senghor, Cité par DIAKITÉ, Samba, *op. cit.* , p.248.

qu'institution sociale moderne vécue chez nous, tire ses racines dans la culture occidentale. Pourquoi les Occidentaux réussissent-ils apparemment et pas nous ? Ceci pourrait se comprendre en ce sens que les Occidentaux eux-mêmes ont compris que le mal politique de l'homme vient du mauvais usage de la parole. La démocratie américaine est un exemple pratique, car il suffit d'observer les campagnes électorales américaines ou dans certains pays d'Europe pour s'en convaincre. Toutes ces exigences relatives au respect de l'éthique politique ou de l'éthique du métier de journaliste ne sont qu'un simple appel à la reconsidération de la parole. Ainsi, à l'image des exigences d'ordre éthique telles qu'elles fonctionnent chez les Occidentaux, les Africains doivent inscrire leurs discours dans l'ouvert de l'éthos originaire et du sacré, c'est-à-dire qu'ils doivent comprendre que la politique est avant tout un jeu qui détermine leur séjour sur un espace public donné, c'est-à-dire sur terre. Certes, un jeu mais pas comme les autres, puisqu'il s'agit de la parole où se joue le destin des hommes. Or, là où il y a l'humain, réside le sacré. Ici le sacré est la parole. C'est pourquoi l'éthique à laquelle doivent obéir les acteurs politiques doit s'imposer comme un commandement sacré. Si les Africains comprennent que la parole est sacrée et que son instrumentalisation ou sa profanation les conduira à leur propre perte, ils auront tout gagné. Dans cette voie, désaliéner la parole, c'est sauver notre Afrique des conflits inutiles et absurdes. Pour revenir aux principes qui doivent conduire vers un débat démocratique apaisé dans la clairière de la parole ouverte au sacré, nous insisterons, en lettre d'or, sur la nécessité du dialogue. On a souvent pensé que la démocratie exige plus de droit que toute autre valeur et l'on a oublié la puissance du dialogue dans le débat politique. Nous pouvons affirmer que là où il y a dialogue sincère, disparait la violence.

C'est ce que Hannah Arendt nous enseigne dans son ouvrage intitulé *Vies Politiques* : « *Le dialogue (...), si imprégné qu'il puisse être du plaisir pris à la présence de l'ami, se soucie du monde commun, qui reste " inhumain" en un sens très littéral, tant que des hommes n'en débattent pas constamment. Car le monde n'est pas humain pour avoir été fait par des hommes, il ne devient pas humain parce que la voix humaine y résonne, mais seulement lorsqu'il est devenu objet de dialogue. Quelque intensément que les choses du monde nous affectent, quelque profondément qu'elles puissent nous émouvoir et nous stimuler, elles ne deviennent humaines pour nous qu'au moment où nous pouvons en débattre avec nos semblables* »[24].

---

[24] ARENDT, Hannah, *Vies politiques*, Trad. B. Cassin et P. Lévy, Paris, Gallimard, p.35.

Ainsi, c'est en étant dans cette constance de dialogue que les politiques africains, avant comme après les élections, pourront donner un visage humain à la politique sous les tropiques. La démocratie africaine, désormais ancrée dans la douce parole africaine et les techniques modernes de l'information, doit exiger des acteurs politiques ce que Jürgen Habermas appelle des « actions communicationnelles». L'agir communicationnel ne vise pas l'intérêt individuel au point de sacrifier la communauté.

Dans l'agir communicationnel, le calcul est proscrit. Suivons la définition de Habermas : « *...Je parle d'action communicationnelle, lorsque les plans d'action des acteurs participants ne sont pas coordonnés par des calculs de succès égocentriques, mais par des actes d'intercompréhension. Dans l'activité communicationnelle, les participants ne sont pas primordialement orientés vers le succès propre ; ils poursuivent leurs objectifs individuels avec la condition qu'ils pussent accorder mutuellement leurs plans d'action...* »[25].

En se mettant sur l'axe où les principes du vivre ensemble occidental et ceux relevant de la culture africaine se donnent la main, les politiciens africains apprendront à bâtir des États démocratiques solides et solidaires entre eux.

Conclusion

Doit-on toujours penser que l'Afrique serait vouée à une sorte de fatalité ? Une telle interrogation donne souvent des signes d'épuisement, car l'on pourrait se laisser souvent gagner par une sorte de pessimisme. Quel est ce continent qui ne vit que sous la hantise perpétuelle à la veille de chaque élection ? On ne s'interrogera pas assez ; parce que, le constat est de plus en plus évident : « *la culture africaine devient une ombre, ombre de sa propre transmutation, ombre de soi parce que ombre de son propre langage disqualifié. Le langage devenu obscur, divaguant, incompréhensible parce que renversé. C'est un devenir-fantôme en attente de ses prochaines victimes* »[26]. Ceci pour dire que le verbe a perdu sa dimension authentique et devient la norme incontestable de la violence. Dit autrement, la parole elle-même est disposée, dans les chainons de la diction, à véhiculer les mots amers qui sont de nature à fissurer le tissu social. Ainsi la démocratie, dans cette perspective, se trouve

---

[25] HABERMAS, Jürgen, *Théorie de l'agir communicationnel*, Trad. J.- M. Ferry et J.-L. Schlegel, Paris, Fayard, 1987, p.296.

[26] DIAKITE, Samba, « La déréliction du langage dans le penser politique en Afrique », *Le portique* (en ligne), 1-2005 I Varia, mis en ligne le 12 mai 2005.

disqualifiée. Et la nouvelle pédagogie qu'on acquiert de la parole politique est la violence physique. Or « *toute éducation se donne à travers la parole* »[27]. À ce titre, nul n'a le droit de faire de la parole un simple outil de communication qui obéirait à la simple loi de la logique. Car en l'entendant de la sorte, elle devient plutôt calcul puisqu'elle milite pour l'intérêt personnel. Alors que vecteur d'éducation, elle apporte la vérité, donc la vie. Nathanaël Yaovi SOEDE, à propos d'une idée de Mèdéwale-Jacob AGOSSOU relative aux vertus de la bonne parole, écrivait ce qui suit :

« La Parole qui engendre de la Vérité engendre la vie,
La Parole qui engendre la Vie engendre des enfants
La Parole qui engendre des enfants édifie la maison
La Parole qui édifie la Maison construit le pays
La Parole qui construit le Pays énonce les paroles de l'existence »[28].

Si les Africains veulent bien vivre et donner véritablement un sens à leur existence, ils doivent impérativement revenir à la parole authentique. D'où la nécessité d'opérer une véritable phénoménologie de la parole politique, condition *sine qua non* à la résolution des crises sociétales à n'en point finir sur le continent.

Références bibliographiques

Ouvrages

ARENDT, Hannah, *Vies politiques*, Trad. B. Cassin et P. Lévy, Paris, Gallimard, 1986.

DUBOIS, Christian, *Heidegger. Introduction à une lecture*, Paris, Editions du seuil, 2000.

DIAKITÉ, Sidiki, *Technocratie et question africaine de développement,* Abidjan, Editions Strateca Diffusion, 1994.

DIAKITÉ, Samba, *Philosophie et Contestation en Afrique : quand la différence devient un différend*, Paris, Éditions Publibook, 2011.

---

[27] LOT, Frédéric, « Parole et Education » in *Revue de l'Université Catholique de l'Afrique de l'Ouest, N° 24*, 2005,

[28] SOEDE, Yaovi Nathanaël, « Parole et Vérité dans la culture et les comportements actuels des Africains » in *Revue de l'Université Catholique de l'Afrique de l'Ouest, N° 24*, 2005, p.132.

HABIB, Laurent, *La Communication Transformative. Pour en finir avec les idées vaines*, Paris, PUF, 2010.

HEIDEGGER, Martin, *Essais et Conférences*, Trad. A. Préau, Paris, Gallimard, 1958.

-*Acheminement vers la parole*, Trad. J. Beaufret, W. Brokmeier et F. Fédier, Paris, Gallimard, 1994.

-*Etre et Temps*, Trad. F. Vezin, Paris, Gallimard, 1986.

-*Lettre sur l'humanisme*, Trad. R. Munier, Paris, Aubier-Montaigne, 1983.

-*Les hymnes de Hölderlin : La Germanie et Le Rhin*, F. Fédier et J. Hervier, Paris, Gallimard, 1988.

HABERMAS, Jürgen, *Théorie de l'agir communicationnel*, Trad. J.-M. Ferry et J.-L. Schlegel, Paris, Fayard, 1987.

HEGEL, Friedrich, *Encyclopédie des sciences philosophiques, tome III, Philosophie de l'esprit,* Trad. B. Bourgeois, Paris, Vrin, 1998.

PLATON, *Gorgias*, Trad. B. Piettre, Paris, Hatier, 2000.

Articles

DIAKITE, Samba, "La déréliction du langage dans le penser politique en Afrique", *Le portique (en ligne)*, 1-2005 I Varia, mis en ligne le 12 mai 2005.

OSWALD, Ducroit, "De Saussure à la philosophie du langage", *dans R. Searle, Les Actes de langage*, Préface de l'édition française, Hermann, 1972.

LOT, Frédéric, ‘‘Parole et Education’’ in *Revue de l’Université Catholique de l’Afrique de l’Ouest*, N° 24-2005.

SOEDE, Yaovi Nathanaël, ‘‘Parole et Vérité dans la culture et les comportements actuels des Africains’’ in *Revue de l’Université Catholique de l’Afrique de l’Ouest,* N° 24-2005.

La Palabre ou les enjeux d'une institution permanente dans l'aménagement du pouvoir dans les sociétés africaines traditionnelles.

Malick DIAGNE*

Introduction

Si aujourd'hui on peut considérer les réalités sociopolitiques du continent africain comme étant le fruit de plusieurs siècles d'hybridation et de brassages multiples, il est important de singulariser deux étapes importantes : l'arrivée, à partir du IXe siècle, d'éléments arabo-islamiques qui a constitué un timide mais solide début du processus de bouleversements des structures traditionnelles négro-africaines, et la présence, à partir du XVe siècle, des Européens, à travers le double impact esclavagiste et colonialiste.

Mais, du fait de la vigueur des cultures autochtones, il a fallu l'effet conjugué de l'esclavage et de la colonisation, sur près de cinq siècles, pour voir les sociétés africaines[1] véritablement bouleversées du point de vue économique, politique et culturel. Ce processus d'intégration, à grande ampleur d'éléments allogènes, sous la férule des deux grandes religions monothéistes, l'Islam et le Christianisme, qui est une réalité historique déterminante continue, aujourd'hui, d'être un facteur essentiel dans l'évolution des sociétés africaines dans leur grande diversité.

Ainsi, que l'on parle de néocolonialisme avec les États postcoloniaux des premières années d'indépendance, pour dénoncer leur mise sous tutelle par les puissances occidentales, ou encore aujourd'hui que l'on s'inquiète du phénomène de la mondialisation, le continent africain continue d'être un cadre d'interactions de facteurs hétérogènes, de pratiques et de logiques appartenant aux trois héritages de son passé que sont les cultures négro-africaines, les influences arabo-islamiques et judéo-chrétiennes.

Aussi pour cerner une quelconque réalité de ces sociétés, à travers l'espace et le temps, qu'elle soit un phénomène du passé ou un fait contemporain, il est nécessaire de prendre en charge cette diversité de

---

* Enseignant-chercheur au Département de Philosophie, UCAD/Sénégal

[1] Pour ce qui est de l'Afrique comme entité, je renvoie le lecteur à la remarque préliminaire n°1 de l'article de Diaw Aminata, « Nouveaux contours de l'espace public en Afrique », *Diogène*, 2004/2 n° 206, p. 37-46., où elle fait de la nécessité de déconstruire l'Afrique comme réalité homogène un préalable pour tout discours valable à son égard.

l'héritage africain. Et cela est d'autant plus valable que le contexte de mondialisation contribue à rendre plus complexe cette variété des référents sociopolitiques. C'est donc avec ce souci de la complexité que nous allons, dans cette réflexion, analyser une instance sociale très répandue dans les sociétés africaines traditionnelles précoloniales ; il s'agit de la Palabre.

En effet, cette institution a existé, à peu près, dans toutes les formes d'organisation sociale quelle que soit la taille ou la nature du groupe. Un auteur comme Maurice Kamto[2] lui confère même une dimension universelle en Afrique : tant elle se retrouve partout, et pour toutes sortes d'occasions qui demandent une délibération collective. Et historiquement, elle a pris trois formes essentielles dans les sociétés africaines : tantôt elle a pris la forme d'un système de gouvernement ou de régulation par le verbe, la controverse et le dialogue ; tantôt elle a joué le rôle de juridiction coutumière grâce à laquelle pouvaient s'apprécier les qualités du chef et, à l'occasion, la conformité de ses choix et décisions par rapport à la coutume ; tantôt, enfin, elle a pris une forme psychodramatique et cathartique de régulation sociale, à travers la lutte contre la sorcellerie, les ordalies et les orgies rituelles.

Ainsi, en se référant aux différents contours de cette institution, il s'agit de réactiver les vertus de la Palabre susceptibles d'aider à reconstruire et consolider, sur le mode dialogique, le lien social souvent déstructuré dans les sociétés africaines contemporaines par les logiques identitaires basées sur des principes de marginalisation et d'exclusion en porte-à-faux avec l'idéal du vivre ensemble, qui a toujours été la principale préoccupation dans l'aménagement du pouvoir.

Notre souci principal est donc, dans une intention prospective, de réinvestir cette institution largement répandue dans les sociétés africaines traditionnelles, la Palabre, afin d'y repérer les pratiques historiques porteuses d'un idéal démocratique comparable à la publicité telle que mise à jour par Jürgen Habermas[3] pour ce qui est de la modernité politique occidentale.

C'est pourquoi, comme préalable incontournable, il est indispensable d'opérer un dépassement de la conception du politique comme jeu de domination et de réaction qui fait des groupes sociaux de simples subordonnés ou des altérités au champ politique. Une telle précaution permet d'inscrire l'analyse politique dans un processus

---

[2] M. Kamto, *Pouvoir et droit en Afrique noire : essai sur les fondements du constitutionnalisme dans les États africains*, Paris, LGDJ, 1987

[3] Jürgen Habermas, *Espace public. Archéologie de la publicité comme dimension constitutive de la société bourgeoise*, trad. Marc B. de Launay, Payot, Paris, 1993.

dynamique où la participation active des individus et des groupes, même si elle prend des formes qui ne sont pas à première vue intelligibles, constitue un élément essentiel de la vie en société.

Avec de telles dispositions, l'analyse de cette catégorie commune à la quasi-totalité des sociétés africaines traditionnelles pourra échapper à la tentation de spécification qui nous ferait tomber dans un quelconque culturalisme, et du coup pourra s'inscrire dans une perspective historico-dialectique où la chose politique se révèle porteuse d'une authentique diversité dans l'espace et dans le temps. Elle consistera également à surmonter les écueils qui seraient liés à la transposition d'un concept enraciné dans des réalités historiques différentes de celles des sociétés africaines, tel que Tarik Dahou l'a bien cerné dans son analyse de l'espace public[4].

Notre analyse va, dans un premier temps, s'atteler à établir l'existence consciente de la pluralité dans les sociétés africaines traditionnelles à travers la diversité des modes et logiques d'organisation, de gestion, de négociation historiques. Ensuite, cela nous permettra de lever l'équivoque liée à l'instrumentalisation de l'unanimisme comme fonds culturel authentiquement africain par les régimes autocratiques postcoloniaux. C'est fort de ce retour critique sur les réalités historiques africaines, que nous allons voir les vertus de la Palabre sous le triple angle de la mise en scène de la parole publique, de gestion et d'anticipation des problèmes sociaux (à travers sa dimension cathartique), et de la construction du lien social (à travers l'organisation du vivre ensemble).

La conscience de la pluralité politique dans les sociétés africaines précoloniales

Au-delà de tout jugement de valeur, il faut reconnaître aux sociétés africaines traditionnelles une pluralité certaine liée aux référents sociopolitiques multiples, mais surtout à l'existence d'un fonds culturel fortement marqué par ce que l'on pourrait appeler des prédispositions à l'ouverture vers l'autre[5]. Cette diversité, tout comme la conscience qu'en a la société, elle-même, est présente dans les différentes procédures de prise de décisions publiques où personne n'est exclu. Ainsi, quelle que soit la nature de la délibération, il y a

[4] Cf. Tarik Dahou, « L'espace public face aux apories des études africaines », *Cahiers d'études africaines*, n°78, 2005, pp.327-349.

[5] Cette ouverture vers l'autre, que l'on peut considérer comme une certaine tension vers l'altérité, est bien mise en scène, par exemple, par Chinua Achebe, à travers la place qu'occupe l'homme blanc dans la cosmogonie Ibo, dans son ouvrage *Le monde s'effondre*, Paris, Présence Africaine, 1973, 254p

toujours la prise en charge de la pluralité dans les procédures délibératives. Et on peut dire que dans la Palabre, toutes les structures sont représentées et participent activement à la recherche de solution aux problèmes sociopolitiques, économiques et culturels.

Comme l'explique Maurice Glélé, à propos des sociétés dahoméennes d'avant l'ère coloniale, dans l'actuelle république du Bénin, les structures territoriales sont certes fondées sur la chefferie, mais il n'en demeure pas moins qu'elles fonctionnaient sur deux principes essentiels : l'autonomie locale et l'étroite collaboration entre les communautés et la monarchie. Ce qui fait que la caractéristique principale de l'institution de la chefferie, c'est la confiance, l'adhésion de la population qui transparaissait dans les différentes manifestations sociales. Maurice Glélé le décrit comme suit : « Le chef sollicitait souvent l'adhésion, l'approbation de ses administrés. La palabre quotidienne permettait un large débat et donnait à chacun l'occasion d'exprimer son point de vue et d'arriver à un compromis, à une décision qui liait tout le monde »[6].

À partir de cet exemple dahoméen qui était tout de même un modèle très avancé de centralisation du pouvoir et d'homogénéité sociale, il est possible d'établir la pluralité des systèmes politiques africains précoloniaux qui sont le fruit de la rencontre de plusieurs modèles : modèle lignager, modèle de représentation de l'homme et de la nature. En effet, dans la plupart des sociétés précoloniales d'Afrique, la représentation de l'individu est construite sur une base plurielle. Généralement la personne a une ascendance multiple qui transparaît dans les moments importants de la vie.

Il y a, par exemple, la dimension humaine qui est déjà double avec un côté patrilinéaire et matrilinéaire bien différencié et très déterminant dans la construction du lien social, mais également la dimension surnaturelle qui peut être divine ou tout simplement supranaturelle. Etienne Leroy[7] parle de « modèle plural » pour décrire ces visions multiples et dynamiques de la vie qu'elle soit sociale ou individuelle, pour lesquelles la différenciation ne prend pas le même aspect qu'en Occident.

Loin d'une vision ethnophilosophique qui inscrit l'homme africain dans un particularisme négatif, la représentation plurale des sociétés négro-africaines replace la question du pouvoir dans une vision

---

[6] M. A. Glélé, *Le Danxomê, du pouvoir Aja à la nation Fon*, Ed. Nubia, Paris, 1974, p.173.

[7] E. Leroy, « Le modèle européen de l'État en Afrique francophone. Logiques et mythologiques du discours juridique », C. Coquery-Vidrovitch & A. Forest, *Décolonisations et nouvelles dépendances. Modèles et contre-modèles idéologiques et culturels dans le Tiers-Monde*, Presses Universitaires de Lille, Lille, 1986, pp.81-110.

beaucoup plus large qui permet d'intégrer la question du contre-pouvoir dans un contexte authentiquement africain. Aussi le fonds culturel commun aux sociétés africaines précoloniales, si l'on peut appeler ainsi cet héritage collectif où le naturel et le surnaturel, la terre et les cieux, les vivants et les morts coexistent dans un faisceau complexe de relations et d'institutions pour faire et défaire continuellement le lien social, n'a pas en lui-même les éléments porteurs d'immobilisme que certains clichés ont voulu lui conférer.

Dans ce faisceau complexe, les rapports au pouvoir ne doivent pas exclusivement être pensés sur le mode de la domination. Car si l'on sait que la communauté constitue un facteur puissant dans la construction du lien social, où l'individu n'a pas besoin de se dénaturer dans une subjectivité éthérée, les rapports sociaux sur le modèle dominant/dominé n'a pas un sens véritable. Il ne s'agit pas de s'inscrire dans un déterminisme social où l'individu serait un epsilon devant la prééminence du groupe.

En effet, même si la notion de personne juridique n'existe pas dans la famille traditionnelle, la fonction de l'individu détermine les êtres et les rapports entre eux, leur fournit un statut social intangible. Le système éducatif tout entier est certes tourné vers l'acceptation de la prééminence du groupe ou de la communauté. Mais cette prééminence de la communauté n'empêche pas que l'individu soit lié à des responsabilités : l'aîné a ainsi un statut essentiel dans le dispositif relationnel sans pour autant constituer un absolu dans la prise de décision.

C'est ce que Christian Potholm semble établir lorsqu'il considère la corrélation étroite entre l'âge et la sagesse comme une constante dans la « pensée politique africaine ». « Indépendamment de leur système politique et de leur situation géographique, note-t-il, presque toutes les sociétés que nous avons étudiées professaient que l'âge confère la sagesse et que la science politique d'un vieillard revêt un caractère spécial. Le rôle des anciens était considérable notamment dans les systèmes segmentaires et spécialement en temps de paix. Consultés sur les questions les plus diverses – arbitrage d'un différend interne ou définition d'une orientation générale – le pouvoir politique qui leur était imparti dans toutes les sociétés était sans commune mesure avec leur nombre. En vérité, une grande partie des choix qui étaient opérés – au niveau des décisions en tout cas – était imputable à l'influence des anciens, et ce dans tous les systèmes »[8].

Cependant, à travers certaines institutions comme la Palabre, ils

[8] C. Potholm, *La politique africaine. Théories et pratiques*, Economica, Paris, 1981, p. 31.

peuvent faire l'objet de remises en cause et de discrédits de la part des cadets[9] s'il leur arrive d'avoir des écarts de conduite non conformes aux exigences sociales. Autrement dit le fonctionnement de la société n'obéit pas à un schéma uniforme où le chef, l'aîné et la classe dirigeante échappent au contrôle de la société, même si celui-ci ne revêt pas les mêmes modalités et semble moins net que dans les sociétés occidentales modernes. En effet, dans les sociétés africaines traditionnelles, le contrôle du pouvoir et les sanctions qui peuvent découler de la part du groupe social vis à vis des dirigeants fautifs puisent leur source dans les fondements mêmes de la société tels que l'établit Maurice Kamto[10], qui fait du sacré à la fois le fondement du pouvoir et la base de sa contestation.

Pourtant, au-delà de la grande diversité, Murdoch[11] aurait compté pour l'Afrique subsaharienne plus de 850 sociétés différentes par la langue, les coutumes, les structures sociales et politiques, l'architecture générale des systèmes politiques africains précoloniaux fait apparaître le pouvoir comme une « nécessité » par laquelle toute société parvient à « lutter contre l'entropie qui la menace de désordre » et non comme un attribut spécifique à quelques catégories isolées. Ainsi, certains individus peuvent, dans certaines circonstances et sous couvert d'une compétence non exclusivement politique, religieuse par exemple, s'ériger en « régulateurs sociaux » par le recours à la «coercition » sans s'inscrire dans un rapport dominants/dominés. C'est à ce niveau par exemple qu'il faut repenser le rôle des pouvoirs religieux, musulman et chrétien, dans la vie politique sénégalaise en l'orientant davantage vers une fonction de régulation hors de toute instrumentalisation.

C'est dans la savane, selon Daniel Bourmaud[12], que l'on trouve des royaumes et des chefferies qui institutionnalisent une organisation coercitive permanente avec une territorialisation du pouvoir sur le mode centralisé ou fédéré. L'organisation du système, selon lui, peut atteindre des degrés élevés de raffinement comme le démontre le cas des Yoruba d'Afrique de l'Ouest avec un pouvoir rituel dévolu à l'*Oni*

---

[9] Il faut prendre « aînés » et « cadets » au sens large de catégories sociales occupant une fonction dans l'organisation sociale globale. C'est dans le sens de l'expression « cadets sociaux », à l'image des jeunes ou des femmes et des catégories moins présentes dans la direction de la société. Ce sont des catégories qui revêtent des significations relatives et mobiles. En ce sens elles ne se confondent pas totalement avec les critères biologiques du sexe et de l'âge même si elles se réalisent en s'appuyant sur ces derniers.

[10] M. Kamto, *Pouvoir et droit en Afrique Noire. Essai sur les fondements du constitutionnalisme dans les États d'Afrique Noire francophone*, *op. cit.*

[11] Murdoch, *The Black Prince*, 1975, Penguin Books, London, 1975,

[12] D. Bourmaud, *La politique en Afrique*, Montchrestien, Paris, 1997, 160p.

d'Ife et le pouvoir politique *stricto sensu* dévolu à l'*Alafin* d'Oyo. Au niveau local, il y avait une distinction entre le pouvoir « exécutif » du chef (*Bale*) dont le mandat était de durée déterminée et le pouvoir « représentatif » de l'*Oghoni*, assemblée de notables dotés de compétences culturelles et politiques.

Mais c'est avec les royaumes soudaniens du Ghana, du Mali et du Songhaï que l'on a observé des pouvoirs à fort degré d'institutionnalisation avec de véritables élites politico-bureaucratiques. Le cas du Dahomey précolonial[13] constitue un bel exemple de dissociation des détenteurs du pouvoir du reste de la société. « Ainsi, note D. Bourmaud, du plus simple au plus complexe, du politique le plus élémentaire au politique le plus élaboré, l'Afrique précoloniale offre une extrême variété de combinaisons socio-politiques. Néanmoins, par-delà la diversité des traits, les systèmes socio-politiques précoloniaux témoignent d'invariants quant à la nature de la relation qui s'établit autour du pouvoir »[14].

Cependant, qui dit pouvoir dit excroissance de celui-ci. Et pour pallier à cela, le « traditionnel consensus » qui prévaut dans la construction de la décision là où les sociétés ont institutionnalisé des conseils, vise à empêcher un acteur individuel de devenir un décideur isolé et donc le détenteur d'un monopole échappant au contrôle social. La Palabre incarne, de façon emblématique, cette recherche permanente du consensus qui à travers le dialogue prolongé et patient, vise à dégager une opinion commune et non pas à susciter un clivage de type majorité/minorité, comme c'est le cas dans les démocraties modernes, encore moins un unanimisme, comme l'ont abusivement supposé les partisans du monopartisme postcolonial.

Dans ce sens résume D. Bourmaud : « Contrairement à certaines lectures ethnologiques trop paradisiaques, les systèmes politiques d'Afrique noire n'ont jamais méconnu ni l'arbitraire ni la violence, ce qui ne signifie pas qu'ils aient été inaptes à ériger des procédures de pacification des conflits. Mais leur architecture, dans son extrême diversité, oscille entre deux extrêmes : une faible institutionnalisation du pouvoir de façon à en prévenir les effets les plus dangereux, ce que résume l'expression d'Evans-Pritchard et Meyer Fortes à propos du système politique des Nuer, « une anarchie ordonnée » ; à l'autre extrémité, une institutionnalisation poussée où l'État tend à se modeler selon une logique de Léviathan où le despotisme se double d'un patrimonialisme structurel »[15].

---

[13] Cf. L'ouvrage de M. A. Glélé, le Danxomê *du pouvoir Aja à la nation Fon, op. cit.*

[14] D. Bourmaud, *La politique en Afrique*, *Ibid.*, p.19.

[15] D. Bourmaud, *op. cit.*, p.23.

Tout cela montre qu'au-delà de cette diversité, les sociétés africaines traditionnelles ont la caractéristique commune d'être des sociétés ouvertes marquées par une forte tendance à la discussion et à la négociation. Et en aucun cas elles ne peuvent être tenues pour des entités figées et monolithiques comme certains clichés l'ont entretenu pendant longtemps. D'où l'importance de porter un regard beaucoup plus fouillé et critique sur le prétendu unanimisme de ces sociétés souvent décrié à tort, parce n'étant qu'une fiction très éloignée des réalités culturelles africaines précoloniales.

La déconstruction de l'unanimisme comme argument de justification du monolithisme politique

Avec les indépendances, l'unanimisme constitue, pour les nouveaux leaders, la thèse qui permet, sous couvert de la construction nationale, de forger et d'asseoir un monolithisme sociopolitique. S'adossant à un supposé fonds culturel unanimiste, ces « pères des nations africaines » nouvellement indépendantes s'autoproclament guides « éclairés » et personnes morales attitrées, comme l'attestent les grades et autres titres honorifiques qu'ils s'attribuent impudiquement[16]. Ainsi, à travers le mythe d'une société primitive idéale où toute l'organisation sociale est structurée autour de la Palabre, essentiellement orientée vers la recherche du consensus, les nouveaux dirigeants africains se sont attelés à imaginer des appareils d'État qui imposent l'adhésion des masses et au sein desquels l'altérité politique est exclue par définition.

C'est ce que Jean-François Bayart[17] nomme la « recherche hégémonique » qui revêt, dans le cas de l'Afrique postcoloniale, trois dimensions principales : la construction d'un espace autonome et institutionnel de domination, la dimension de l'accumulation de la richesse et celle du sens commun constitutif de la domination, en contradiction avec les sociétés traditionnelles, notamment les sociétés lignagères.

En effet, les États africains postcoloniaux ont essayé, dès le début, de se constituer comme système culturel et symbolique unifié à partir duquel, le vivre ensemble s'organise et se met en perspective. L'unanimisme apparaît dès lors comme le paradigme de l'organisation politique qui permet de justifier les pratiques, même prédatrices, des classes dirigeantes. C'est dans ce sens qu'il faut comprendre la

[16] La plupart des chefs d'État africain, en plus de l'étiquette commune de « Père de la Nation », se sont attribué des titres comme Maréchal, Empereur, Guide éclairé, etc.
[17] J.-F. Bayart (dir.), *La greffe de l'État,* Paris, Karthala 1996.

définition de « l'État théologien » d'Achille Mbembe reprise par Aminata Diaw comme suit : « L'État-théologien, c'est l'État qui ne se préoccupe pas seulement des pratiques touchant à la distribution du pouvoir et de l'influence, aux relations sociales, aux arrangements économiques et aux processus politiques. C'est aussi celui qui aspire explicitement à définir, pour les agents sociaux, la manière dont ils doivent se voir, s'interpréter et interpréter le monde »[18].

La thèse du prétendu unanimisme négro-africain qui, peut-être sans le vouloir, s'est posée comme le meilleur argument pour justifier le monopartisme exclusif et les tendances autocratiques du pouvoir dans l'Afrique subsaharienne postcoloniale, est erronée dans la mesure où l'arbitrage qui était en vigueur dans les sociétés traditionnelles évoque plutôt un système consensuel qui n'a rien à voir avec un quelconque unanimisme.

D'ailleurs Maurice Kamto ne s'y est pas trompé à travers ce propos : « Comme toutes les sociétés, les sociétés africaines traditionnelles sont des sociétés de contradictions, des sociétés qui se composent, se décomposent et se recomposent… Certes, certains types de conflits y sont canalisés ou simplement contenus. Pour autant, cela ne permet pas de dire qu'il y règne un esprit « unanimitaire » »[19].

En fait la thèse de l'unanimisme tiendrait davantage ces sources d'un certain socle ethnographique qui a voulu faire des sociétés africaines des sociétés de l'immobilisme, répétitives, dépourvues de dynamisme et d'esprit d'innovations, que d'une réalité authentique comme l'a essayé d'établir la plupart des leaders de l'Afrique postcoloniale. Maurice Kamto va plus loin dans la dénonciation de ce qu'il appelle « l'hypothèse de l'unanimisme négro-africain » lorsqu'il écrit : « Spécieuse, cette thèse l'était en effet, et dans les deux sens du terme : elle était « séduisante » ; la logique avec laquelle elle passait de l'unanimisme de la société traditionnelle à la nécessité de créer un Pouvoir fort et un nouveau cadre « unanimitaire » - le parti unique – ne manquait pas de finesse… Mais elle « induisait en erreur », parce qu'elle était inexacte au regard de la réalité ethno-historique : ses prémisses étaient fausses »[20].

À cette dénégation sociohistorique de l'unanimisme, on peut ajouter une critique philosophique qui l'inscrit dans une perspective

---

[18] A. Diaw, « Nouveaux contours de l'espace public en Afrique », *Diogène*, 2004/2 n° 206, p.41.

[19] M. Kamto, *Pouvoir et droit en Afrique Noire. Essai sur les fondements du constitutionnalisme dans les États d'Afrique Noire francophone*, *op. cit.*, p.138.

[20] M. Kamto, *Pouvoir et Droit en Afrique Noire, op. cit.*, p.146

étrangère à la réalité socioculturelle des sociétés africaines et dont il faut plutôt chercher les fondements théoriques dans que ce Pierre Nzinzin[21] nomme, à la suite de Karl Popper, « l'ascendant néoplatonicien de la pensée politique ».

En effet, c'est plutôt à une sorte de reproduction de schèmes éloignés des cultures africaines que se sont attelés ces dirigeants à travers leur procès de justification du monolithisme politique. Car même si dans les sociétés africaines traditionnelles précoloniales, les anciens ou plus simplement les aînés, comme nous l'avons montré plus haut, à travers l'importance de la sagesse et de la mémoire orale dans la reproduction des normes et des codes de conduite, ont joué un rôle de premier ordre dans l'organisation globale de ces sociétés, il n'en demeure pas moins que les conflits ont toujours été des éléments structurants du lien social. Ainsi, que ce soit au niveau de la Palabre ou des rites et cérémonies qui jalonnent la vie de tous les jours de ces sociétés, le pluralisme a toujours été de mise à travers non seulement la représentation de toutes les couches sociales, des femmes et des différentes classes d'âge, mais aussi à travers la participation active par une parole bien répartie dans la recherche de solution aux problèmes quotidiens. Jean-Godefroy Bidima parle ainsi de la Palabre comme d'« une juridiction de la parole »[22] où le savoir même s'il joue un rôle fondamental et jouit d'une grande considération, n'est pas l'élément déterminant. C'est plutôt le processus, que ce soit celui de la prise de parole proprement dite ou du rituel pour les cérémonies, qui semble être l'élément premier autour duquel se construit le lien social.

Le lien social est donc fondé sur la recherche permanente de la justice inscrite dans l'ordre des choses qu'il soit cosmogonique ou transcendantal. Iba Der Thiam donne l'exemple du roi, Al Bakari du Ghana, au XI° siècle qui parcourait sa capitale, tous les matins, à la « recherche de plaignants à qui rendre justice ». Ce roi est une belle illustration de l'importance de la justice dans certaines cultures africaines. N'est-ce pas là, soutient-il, « une indication précieuse sur les procédures et les mécanismes directs, ouverts, publics, simples, accessibles et gratuits, par lesquels les conflits et les tensions potentiels pouvaient être résolus au mieux des intérêts de la paix sociale »[23] ?

---

[21] Pierre Nzinzin, « La démocratie en Afrique : l'ascendant platonicien », *Politique Africaine*, n°77, mars 2000, pp.70-89.

[22] J.-G. Bidima, *La Palabre. Une juridiction de la parole*, Paris, Ed. Michalon, 1997, 128p.

[23] I. D. Thiam, *L'évolution politique et syndicale du Sénégal colonial de 1840 à 1936, Tome II, Le fonctionnement de la domination coloniale*, Thèse d'État, sous la direction du professeur Jean DEVISSE, Paris, Université de Paris I Panthéon-Sorbonne, Année universitaire 1982-1983., p.3953.

Ce constat serait aussi valable, selon I. D. Thiam, pour la société wolof précoloniale qui était « *une société d'opinion publique*, où les faits et gestes des leaders étaient surveillés, comptabilisés et, les manquements aux principes de justice, et aux droits des populations, décriés et amplifiés par des rumeurs verbales persistantes »[24]. La pratique du *Djiin* (défi public par le tam-tam), selon le même auteur, s'inscrit dans le souci d'aménager un cadre public de dénonciation des abus et dérives autoritaires de la classe dirigeante.

Certes, en Afrique, hier comme aujourd'hui, plus que partout ailleurs, la configuration et la complexité des organisations politiques sont fortement déterminées par la culture et les dynamiques sociétales qui l'alimentent. Mais il ne faut pas confondre le caractère collégial qui semble être un trait commun[25] à la plupart des systèmes politiques précoloniaux avec une forme d'unanimisme qui serait propre aux cultures et sociétés africaines traditionnelles.

En fin de compte, ce que l'on peut retenir, c'est que l'élaboration de ce type de discours, qui a voulu conférer à la tradition négro-africaine les fondements des systèmes monolithiques postcoloniaux, obéit davantage à des constructions idéologiques héritées du colonialisme qu'à un socle culturel authentiquement négro-africain.

Ce tour de passe-passe idéologique n'a pas échappé à Yves Benot qui le décrit comme suit : « Cet héritage colonial (parlant des constructions idéologiques) était tel qu'il a jusqu'ici permis d'invoquer cette Afrique abstraite de la belle époque à l'appui de toutes les distorsions de la politique contemporaine, sans même se soucier que le passé évoqué était celui des communautés villageoises appelées à témoigner en faveur de l'arbitraire d'États modernes, dans une phase d'urbanisation rapide »[26].

Autrement dit, la convocation souvent exagérée de l'Afrique du passé précolonial, aussi bien par les gouvernants que par leurs opposants, ne peut être considérée comme une réactivation de valeurs fortement ancrées dans l'histoire d'un continent mu par les mêmes dynamiques sociétales. Tout au plus on peut postuler l'existence d'un fonds culturel commun dont on peut retrouver les traces dans un certain nombre de pratiques et d'institutions traditionnelles largement répandues dans les sociétés africaines d'antan, comme la Palabre, sans

---

[24] *Ibid.*

[25] Pathé Diagne énumère, dans son texte, *Pouvoir politique traditionnel en Afrique Occidentale. Essais sur les institutions politiques précoloniales*, Présence Africaine, Paris, 1967, quelques collèges comme les *Kangame* en pays wolof, « celui des Ogboni » du monde Egba, de « l'Oyo Mesi » des Yoruba, du « Nokena Bornouan »

[26] Y. Benot, *Les indépendances africaines*, Paris, François Maspero, 1975, p.76.

pour autant tomber dans un angélisme plat et inadapté à l'analyse sociale. Ceci nous amène à aborder la Palabre, comme lieu d'élaboration du discours, mais aussi paradigme de l'action politique, afin de projeter ses vertus dans les pratiques sociales contemporaines où le déficit de dialogue constitue l'une des pierres d'achoppement du vivre ensemble.

La Palabre comme lieu d'élaboration du discours politique et paradigme de l'action politique

Les sociétés africaines traditionnelles sont de tous temps traversées par des conflits de toutes sortes, touchant l'organisation sociale dans sa globalité. Mais, du fait que la communication se déploie sous le mode de l'oralité et que les constitutions coutumières n'y ont d'autre support que le verbe, les différents acteurs de la vie sont obligés de rechercher le consensus. Car devant l'absence ou l'insuffisance de documents écrits qui fixent les procédures et décisions, les acteurs sociaux sont tenus, plus que dans les sociétés à écriture, de recourir à la force de la parole donnée.

Le meilleur gage pour conférer à la parole donnée une valeur cardinale est d'œuvrer, au sein de ces sociétés, à la recherche consensuelle de normes de vie et de solutions aux problèmes qui ne manquent jamais de surgir. Ainsi cette absence de documents écrits pour fixer le fonctionnement de la vie sociale est l'une des raisons qui expliquent le caractère ouvert à la concertation et la propension à la discussion que certains ont mis dans le registre de l'indiscipline généralisée pour des sociétés peu soucieuses du temps perdu.

Devant la fragilité de la parole, en comparaison de la production écrite et graphique, seules la justesse, l'équité et la sagesse de la solution, à travers une délibération patiemment éprouvée, peuvent faire force de loi efficace. Ainsi, dans la Palabre, ce qui est primordial, ce n'est pas l'issue des débats, parce que de toutes les façons une solution sera trouvée, mais la discussion elle-même, c'est-à-dire ses procédures, sa mise en scène et ses modalités.

Tarik Dahou reprenant Terray (1988) décrit l'enjeu de cette institution en ces termes : « Les débats qui animent le pouvoir ne se limitent pas aux apparats de la délibération, mais mettent effectivement en scène des visions du monde et des intérêts divergents. Le mode de la palabre est préféré à toute forme de délibération élective, et les décisions politiques sont constamment débattues entre les gouvernants sans qu'elles aient d'issue prédéterminée »[27].

La Palabre, en tant que technique et instance de régulation, joue un rôle essentiel dans le domaine proprement politique où existent diverses formes de contrôle du pouvoir, directes ou indirectes, exercées par le corps social en entier. À côté des limitations que constituent les différents conseils, les sociétés secrètes et autres contre-pouvoirs, elle s'érige en instance primordiale d'élaboration du discours politique, et technique de gestion et de contrôle du pouvoir.

Technique, elle l'est pour la gestion des affaires publiques mais aussi pour le règlement des conflits et des différends qui traversent la société. Quelle que soit la nature des questions abordées, elle est l'occasion de confrontation de discours élaborés dans l'optique de la recherche pragmatique de solution. De par sa dimension sacrée, sa tenue exige un résultat qui doit être l'aboutissement heureux, au pire des cas une sortie de l'impasse ; en tout cas une solution convenue qui se scelle par un échange ou le partage symbolique de quelque chose, allant de la kola, de la boisson ou repas, aux simples mains tendues. C'est cette obligation de résultat qui explique, en partie, l'attribut unanimiste souvent conféré, à tort, aux sociétés africaines traditionnelles.

Pourtant, le recours fréquent à cette institution ne porte atteinte en rien à sa dimension ni n'altère son efficacité pratique. Elle est le cadre mais aussi la norme de la pratique politique pour des sociétés orales où le respect de la parole constitue une condition essentielle pour la survie du groupe. Toutes les occasions font appel à sa technique comme l'explique Fabien Eboussi Boulaga dans ce passage : «Un conflit, une rixe, une querelle entre deux personnes, deux clans révèlent l'imminence ou l'éventualité du chaos, de la violence qui échappe à tout contrôle, à toute régulation possible. Afin de mettre un terme à l'ascension aux extrêmes, au déchaînement des passions, on convoque une réunion : les adversaires doivent y être présents ainsi que leurs « supérieurs », les aînés dont ils dépendent. Selon les cas, la famille, le clan, le village tout entier y est invité, avec le droit à la parole pour chacun des participants. Y venir pour les protagonistes est déjà un engagement implicite à renoncer à la violence et à consentir d'avance à la conciliation. Leur absence ou de celle de l'un d'entre eux empêche la résolution du litige. Pour les autres, leur présence signifie participation effective à toutes les phases de la recherche de la meilleure solution, ratification du verdict, responsabilité vis-à-vis de

[27] T. Dahou, « L'espace public face aux apories des études africaines », Cahiers d'études africaines, n°78, 2005, p.332.

son respect »[28].

Par l'instance de la Palabre, le corps social a non seulement établi un puissant facteur de construction sociale, mais également créé un lieu authentique d'élaboration du discours politique. Et à travers l'éloquence des interventions et la symbolique utilisée, se dégage une véritable conscience politique qui permet à la société de dépasser, ne serait-ce que les crises qu'elle traverse, et d'éviter ainsi de tomber dans le chaos. La Palabre ne peut donc pas être réduite à ces fameux « arbres à palabres » qui, sous les tropiques, permettent aux hommes de s'adonner à d'interminables et inutiles joutes oratoires.

Au contraire l'institution de la Palabre est un puissant moyen dialogique de construction d'une rationalité collective et de conception de normes pour la vie communautaire au sein de laquelle chaque individu, conformément au statut et à la place qui lui sont dévolus par la société, peut participer activement à la formation du lien social. Cette exigence de s'inscrire dans une dynamique d'ensemble, sans pour autant nier les contradictions et divergences, montre bien qu'il y a dans les sociétés africaines traditionnelles des principes d'une « éthique de la discussion »[29] à laquelle tout le monde se doit d'obéir, y compris les chefs sous peine de se couper de la communauté et de perdre toute autorité et légitimité sociales.

Et à ce niveau, l'exemple contemporain le plus parlant de ce rôle à la fois constructif, thérapeutique et paradigmatique de la Palabre dans les sociétés africaines, c'est la « Conférence nationale des forces vives de la nation » du Bénin. Une conférence, qui, loin d'être parfaite, par sa symbolique et la communion qu'elle a occasionnées dans tout le pays, constitue une véritable réappropriation de cette institution traditionnelle. Pour la première fois dans l'histoire du Bénin moderne, voire de toute l'Afrique, par la Palabre, le corps social entier participe au processus décisionnel et tire largement parti de l'occasion pour s'ériger en une force capable de mettre au ban des accusés le pouvoir jusque-là intouchable.

Ainsi, par cette assemblée publique, mais également populaire par le nombre et la large représentation des différentes couches sociales, professionnelles, confessionnelles, régionales, etc., le peuple béninois commet un acte de refondation de la pratique politique pour un pays jadis considéré comme « l'enfant malade de l'Afrique ». Tout le monde y a participé : le petit peuple des travailleurs de l'informel à l'instar des conducteurs de motos-taxis (les *zémidian*), les

---

[28] F. Eboussi Boulaga, *op. cit.*, p.54.

[29] J. Habermas, *De l'éthique de la discussion*, trad. M. Hunyadi, Cerf, Paris, 1992, 202p.

entrepreneurs privés, les fonctionnaires et les étudiants, les cadres supérieurs, les expatriés, les hommes de culte et de prière, les intellectuels. Fabien Eboussi Boulaga parle d'une « confrontation verbale totale » où toutes les accusations sont permises sans pour autant sortir de la logique de la concorde qui devait survenir à l'ultime moment.

Mais cet infléchissement d'un discours qui se devait d'être, avant tout, politique vers la chasse aux sorciers et aux coupables de la situation chaotique du pays, est vite cantonné par l'intelligence politique d'un homme que rien ne prédisposait à cela : Mgr Isidore De Souza. À travers cet « homme exceptionnel dans une situation exceptionnelle », selon la formule consacrée, transparaît la qualité du chef africain traditionnel qui assiste à la Palabre sans prendre une part active aux discussions, se contentant d'éviter les dérapages et de contenir les ardeurs et passions qui peuvent dénaturer le discours dans de telles occasions.

Avec la figure de Mgr De Souza, le leadership moderne peut beaucoup apprendre du chef traditionnel africain. En effet, avec le temps, tous les participants et observateurs ont reconnu le rôle de guide éclairé et d'arbitre impartial, soucieux de mener tout le monde au but ultime qui est l'harmonie et l'unité du pays, que cet homme d'église a joué. Tel que l'établit F. Eboussi Boulaga[30], pour le chef africain qui se doit d'orienter les discussions vers la concorde finale en usant de ses relations personnelles, Mgr De Souza a pesé de tout son poids pour accompagner le peuple béninois dans cette entreprise fondatrice qui a mis sur les rails le renouveau démocratique. Avec la conférence nationale, par les vertus de la Palabre, les Béninois ont retrouvé l'intelligence du « sens commun » qui noue indissolublement le politique et le sacré.

À travers cet exemple, on voit bien, au-delà de la valeur pratique du point de vue de l'avancée démocratique d'un pays, la charge symbolique que cette conférence nationale a de nous rappeler l'importance de l'instance de la Palabre dans le fonctionnement des sociétés africaines d'antan.

Conclusion

Le premier enseignement que l'on peut tirer de cette analyse de la Palabre, c'est que dans l'Afrique précoloniale, le pouvoir ne pouvait pas être aménagé en dehors de l'équilibre général du groupe ; il tire sa

[30] F. Eboussi Boulaga, *Les conférences nationales en Afrique noire. Une affaire à suivre*, *op.cit.*, p.54.

quintessence de son aptitude à préserver et à garantir l'existence de la société, à organiser le vivre en commun et, ce, en concorde avec la nature. C'est d'ailleurs ce qui explique le poids du sacré qui est une constante cosmogonique dans la quasi-totalité des sociétés africaines précoloniales. C'est en lui qu'il faut chercher, selon M. Kamto[31], le fondement de la légitimité du « Pouvoir » comme de sa contestation. Ce qui permet de ne pas avoir à inscrire le « Pouvoir » et les contre-pouvoirs, au sein des sociétés africaines traditionnelles, dans une extériorité, mais plutôt dans une relation dialectique où chaque partie participe activement à la réalisation comme à la pérennisation du lien social.

Dans une perspective prospective, cela se traduit par un dynamisme et une variété d'actions sociales dont on peut retrouver, aujourd'hui, les traces dans les différentes stratégies, mises en œuvre au sein des sociétés africaines contemporaines, pour échapper aux exigences et aux pesanteurs des appareils étatiques. Le travail qui reste à faire c'est la rationalisation de ces actions à travers un paradigme opérationnel. Car, contrairement à certaines idées reçues, l'univers africain, comme l'a établi le Révérend Père Tempels[32], est un univers dynamique où des forces contraires s'affrontent, le tout sur fond de mythes qui expliquent l'origine du « Pouvoir » et du « Droit », la sacralité de la nature et de la vie.

Si la plupart des sociétés africaines précoloniales ont des organisations de type monarchique, elles ne sont pas pour autant des cadres exclusivement propices aux dérives tyranniques et autocratiques. Il y a, dans ces sociétés anciennes, au-delà des apparences, toutes sortes de mécanismes qui viennent pondérer en pratique le fonctionnement du « Pouvoir ». « Quelle que soit la société considérée, écrit Kamto, le pouvoir politique ne peut être que très étroitement contrôlé puisque dans la pensée politique africaine, il a la charge d'assurer la pérennité du groupe à travers le respect de l'ordonnancement initial »[33].

L'autre grand enseignement, c'est, au-delà de tout angélisme, de réinvestir, à l'instar de la société japonaise depuis l'ère Meiji, ce fonds culturel comme paradigme de l'action politique et des pratiques sociales de toutes sortes. Ainsi, les formes de contrôle diverses et variées tout autant que les modes de fonctionnement du pouvoir politique, allant du contrôle institutionnel direct exercé dans l'espace

---

[31] M. Kamto, *op. cit.*

[32] P. Tempels, *La philosophie bantoue*, Trad. A. Rubbens, 3° Ed., Paris, Présence Africaine, 123p.

[33] M. Kamto, *Pouvoir et droit en Afrique Noire*, *op. cit.*, p.113.

politique, au contrôle indirect, par le biais des différentes structures de la société civile au niveau de l'espace public, pourront avoir un impact positif sur le devenir proche de l'Afrique.

Dès lors on pourra dire des phénomènes de contestation au Sénégal, aujourd'hui, à travers le mouvement musical rap par exemple, la même chose que Jürgen Habermas avait dite sur la presse dans l'Angleterre postrévolutionnaire, c'est-à-dire un organe critique d'un public qui fait usage du raisonnement pour intervenir dans le domaine politique. « L'évolution de la sphère publique, écrivait J. Habermas, se mesure dès lors à l'état de la discussion entre la presse et l'État qui s'est déroulée tout au long du siècle »[34]. Dans un pays à plus de 60 % de la population classée dans la catégorie jeune, le rap qui est le langage musical de cette frange de la société, en ce qu'elle est très subversive, de plus en plus structurée et orientée vers le débat politique (le cas du mouvement Y'EN A MARRE), une telle comparaison est loin d'être fortuite.

Au total, ce paradigme, renouvelé autour de l'ouverture, de la pratique de la complexité jusque dans le rapport à l'environnement naturel et de l'exigence du résultat dans la pratique de la Palabre, pourra, ainsi, permettre d'envisager avec davantage de sérénité les trois grandes questions qui traversent nos sociétés globalisées ; à savoir le problème de la mondialisation économique et ses dérives financières, l'enjeu de la coexistence forcée des cultures, et la problématique du développement durable et viable de notre planète.

Références bibliographiques

ACHEBE Chinua, *Le monde s'effondre*, Paris, Présence Africaine, 1973, 254p.

BAYART, J.-F., *L'État en Afrique. La politique du ventre,* Paris, Fayart, 1989.

BAYART, Jean-François (dir.), *La greffe de l'État,* Paris, Karthala 1996.

[34] J. Habermas, *Espace public. Archéologie de la publicité comme dimension constitutive de la société bourgeoise*, trad. Marc B. de Launay, Paris, Payot, 1993, p.70.

BAYART, J.-F., S. ELLIS et B. HIBOU, *La Criminalisation de l'État en Afrique,* Bruxelles, Complexe, coll. « Espace international », 1997.

BENOT Yves, *Les indépendances africaines*, Paris, François Maspero, 1975, 127p.

BIDIMA Jean-Godefroy, *La Palabre. Une juridiction de la parole*, Paris, Ed. Michalon, 1997, 128p.

BOURMAUD Daniel, *La politique en Afrique*, Montchrestien, Paris, 1997, 160p.

DAHOU Tarik, « L'espace public face aux apories des études africaines », Cahiers d'études africaines, n°78, 2005, pp.327-349.

DIAGNE Pathé, *Pouvoir politique traditionnel en Afrique Occidentale. Essais sur les institutions politiques précoloniales*, Paris, Présence Africaine, 1967.

DIAW Aminata, « Nouveaux contours de l'espace public en Afrique », *Diogène*, 2004/2 n° 206, p. 37-46.

EBOUSSI BOULAGA Fabien, *Les conférences nationales en Afrique noire. Une affaire à suivre*, Paris, Karthala, 1993, 229p.

GLELE Maurice A., Glélé, *Le Danxomê, du pouvoir Aja à la nation Fon*, Paris, Ed. Nubia, 1974.

HABERMAS Jürgen, *Espace public. Archéologie de la publicité comme dimension constitutive de la société bourgeoise*, trad. Marc B. de Launay, Paris, Payot, 1993.

HABERMAS Jürgen, *De l'éthique de la discussion*, trad. M. Hunyadi, Paris, Cerf, 1992, 202p.

KAMTO Maurice, *Pouvoir et droit en Afrique noire : essai sur les fondements du constitutionnalisme dans les États africains*, Paris, LGDJ, 1987.

LEROY Etienne, « Le modèle européen de l'État en Afrique francophone. Logiques et mythologiques du discours juridique », C.Coquery-Vidrovitch & A. Forest, *Décolonisations et nouvelles dépendances. Modèles et contre-modèles idéologiques et culturels dans le Tiers-Monde*, Lille, Presses Universitaires de Lille, 1986, pp.81-110.

MURDOCH, *The Black Prince*, 1975, London, Penguin Books, 1975, 415p.

NZINZIN Pierre, « La démocratie en Afrique : l'ascendant platonicien », *Politique Africaine*, n°77, mars 2000, pp.70-89.

POTHOLM Christian, *La politique africaine. Théories et pratiques*, Paris, Economica, 1981.

TEMPELS Placide, *La philosophie bantoue*, Trad. A. Rubbens, 3° Ed., Paris, Présence Africaine, 123p.

TERREY Etienne, « Le débat politique dans les royaumes de l'Afrique de l'Ouest », *Revue française de science politique : « L'anthropologie politique aujourd'hui »*, 1988, 38 (5).

THIAM Iba Der, *L'évolution politique et syndicale du Sénégal colonial de 1840 à 1936, Tome II, Le fonctionnement de la domination coloniale*, Thèse d'État, sous la direction du professeur Jean DEVISSE, Paris, Université de Paris I Panthéon- Sorbonne, Année universitaire 1982-1983.

Peut-on aujourd'hui ignorer l'Angola ?

El Hadji Omar THIAM*

Introduction

Le titre de cet article soulève une interrogation qui implique une nouvelle donne face aux défis du présent et qui ne peut être prise en charge sans un détour sur le passé, lointain et récent, de ce pays. En effet, l'arrivée des premiers Portugais au Congo date de la fin du XVe siècle, en 1482, lorsque le navigateur portugais Diogo Cão débarqua à l'embouchure du fleuve Congo. Le roi du Congo reçut les nouveaux arrivants à bras ouverts et accepta de se convertir au christianisme, sous le nom d'Afonso I, créant ainsi une alliance entre le royaume du Congo et celui du Portugal.

Au cours du XVI siècle, après des jeux de séduction, des trahisons, des intrigues, ont commencé à s'accentuer les liens de dépendance du royaume du Congo vis-à-vis de la couronne portugaise. Du royaume du Congo dépendaient d'autres royaumes plus petits. C'était le cas des royaumes de Matamba et de Ndongo (le nom Angola proviendrait de Ngola, le titre que portaient les souverains de Ndongo). La résistance de ces trois royaumes à la pénétration coloniale sera pratiquement écrasée dans la seconde moitié du XVIIe siècle, dans une courte durée de vingt ans : il s'agit respectivement des royaumes du Congo (1665), de Ndongo (1671) et de Matamba (1681). En 1700, les Portugais contrôlaient en Angola une superficie de 65000 kilomètres carrés, avec un seul objectif, le contrôle des routes des esclaves – marchandise dominante du commerce à l'époque – qui étaient exportés vers le Portugal, le Brésil, les Antilles et l'Amérique Centrale. La conférence de Berlin, en 1885, établit le droit public colonial et des traités entre le Portugal, la France, l'État Libre du Congo, la Grande Bretagne et l'Allemagne.

L'abolition du trafic des esclaves en 1836 et la fin officielle de la condition d'esclave en 1878 ne changèrent guère le fond de la question de l'exploitation des grandes masses laborieuses angolaises par le pouvoir colonial portugais. Au XXe siècle, cette situation va s'aggraver avec la politique répressive du régime d'Oliveira Salazar à partir de 1933. Les luttes de libération de l'Angola ont commencé en

---

* Assistant titulaire au Département de Langues et Civilisations Romanes – Faculté des Lettres et Sciences Humaines de l'Université Cheikh Anta Diop de Dakar.

1961 et ont pris fin avec la proclamation de l'indépendance, le 11 Novembre 1975.

De cette indépendance douloureuse est née la jeune République d'Angola[1] avec ses contradictions ethniques[2] et ses atouts économiques. Dans l'histoire récente de ce pays, nous pouvons distinguer deux phases : une première phase (1975-2002) qui se caractérise par le réveil des démons tribalistes, ethniques, mettant en péril l'unité nationale, et une seconde phase (de 2002 à nos jours) qui marque la fin de la guerre civile et l'émergence de forces patriotiques et progressistes, contribuant à changer positivement le devenir de ce pays. Pourtant l'Angola reste relativement méconnu en Afrique francophone où l'image de ce pays est encore associée à la guerre, à la littérature et au basketball. Toujours dans cette partie francophone de l'Afrique, l'Angola post-guerre civile fait encore l'objet de peu d'études. Cette période mérite pourtant mieux que d'être considérée comme un réservoir d'exemples secondaires dans le cadre de recherches historiques sur la décolonisation. Elle le mérite d'autant plus qu'elle révèle le triomphe de valeurs et de mythes déterminants dans la reconstruction et le bond en avant de ce pays.

Les mythes de la reconstruction

La période post-indépendance de l'Angola (1975-2002) est synonyme d'instabilité sociale, politique et économique. Celle-ci découle de la longue et sanglante guerre de libération qui a affaibli toutes les forces du pays. Sur le plan social, le tribalisme et le racisme prennent des proportions qui ébranlent la jeune république angolaise. Ils sont parmi les thématiques littéraires les plus populaires auprès du grand public angolais. En 1980, le romancier angolais Pepetela exprime déjà sa préoccupation, à travers la position du personnage de Sem Medo[3]. La position de ce dernier consiste à faire l'apologie de la lutte armée, le seul élément capable de fédérer les diverses forces de

---

[1] La République d'Angola compte 18 provinces : Bengo, Benguela, Bié, Cabinda, Cunene, Huambo, Huíla, Kuando Kubango, Kuanza Norte, Kuanza Sul, Luanda, Lunda Norte, Lunda Sul, Malange, Moxico, Namibe, Uíge, e Zaire.

[2] Les principales ethnies de l'Angola sont : les Ovimbundo, les Kimbundo, les Bakongo. En plus, c'est un pays multilingues ; on distingue parmi les langues parlées en Angola : le Kikongo, le Kimbundo, le Chokwe, le Umbundo, le Mbunda, le Kwanyama, qui sont d'origine bantoue, et le portugais, la langue officielle.

[3] "O que conta é a acção. Os problemas do Movimento resolvem-se, fazendo a acção armada. A mobilização do povo de Cabinda faz-se desenvolvendo a acção. Os problemas pessoais resolvem-se na acção. Não uma acção à toa, uma acção por si. Mas a acção revolucionária. O que interessa é fazer a Revolução, mesmo que ela venha a ser traída[37]". Pepetela, *Mayombe*, Lisboa, Edições 70, 1980, p. 274.

l'Angola.

Au terme de cette lutte armée, l'urgence a été de créer une nouvelle base unificatrice afin de reconstruire l'Angola. L'hymne national[38] de ce pays vient ainsi affirmer l'importance de certains mythes unificateurs.

On peut y distinguer trois types de mythe. Le premier mythe, largement partagé par tous les pays colonisés de cette époque, oppose la supériorité absolue de l'unité nationale à l'infériorité intrinsèque des intérêts ethniques et tribalistes. De ce point de vue, l'occupation portugaise est perçue comme un facteur de division des sociétés africaines par la promotion d'une minorité ethnique au détriment des autres. L'avènement de l'*Estado Novo* au Portugal, en 1933, fait de la promotion de l'assimilation de l'Africain à la culture portugaise et des rivalités tribalistes les principaux objectifs de sa politique coloniale. Ces démons sont pourtant conçus comme des stratégies pour garder la main mise sur l'Angola. Contrairement à ce que voulaient les portugais, ils ont renforcé la volonté sécessionniste et la sacralité de l'unité du peuple angolais.

Le deuxième type de mythe se résume à la vaillance de l'Angolais et à son endurance indéfectible dans l'exploitation des richesses du Brésil,[39] sous l'empire portugais. Ce mythe vise à faire l'apologie du

---

[38] - Hino Nacional
Oh, Pátria nunca esqueceremos
Os heróis de 4 de Fevereiro
Oh Pátria, nós saudamos os teus filhos
Tombados pela nossa independência
Honramos o passado e a nossa história
Construindo no trabalho o homem novo
Angola, avante!
Revolução, pelo poder popular
Pátria unida, liberdade
Um só povo, uma só nação
Levantemos nossas vozes libertadas
Para a glória dos povos africanos
Solidários com os povos oprimidos
Orgulhosos com os povos oprimidos
Orgulhosos lutaremos pela Paz
Com as forças progresistas do Mundo
Orgulhosos lutaremos pela Paz
Com as forças progresistas do Mundo
Angola, avante!
Revolução, pelo poder popular
Pátria unida, liberdade
Um só povo, uma só nação

[39] - Il est important de rappeler que la majorité des esclaves africains au Brésil est d'origine Quimbundo et Yoruba, deux ethnies qui peuplent respectivement l'Angola et le Nigéria.

travail non pas pour le colonisateur, mais au profit du peuple angolais.

Dès lors, le travail se révèle comme un moyen d'émancipation, de liberté qu'on doit inculquer au citoyen, telle une croyance. La survie et l'avenir du peuple angolais se trouvent ainsi liés au travail comme pendant la période coloniale où, l'esclave apte à produire de la richesse, avait le droit de vivre et d'être entretenu. Le salut que constitue le travail est aussi utilisé contre la volonté dominatrice des autres métropoles coloniales plus puissantes sur le continent africain. Il sert aussi à construire une nouvelle citoyenneté basée sur le mérite, la dignité et l'égalité, et non sur des contingences ethniques. L'écrivain angolais Manuel Rui Monteiro met en évidence l'avenir prometteur de son pays à travers un poème très métaphorique[40] dans lequel il souligne l'importance du travail de la terre. L'opposition entre le feu et la pluie est pleine de sens dans ce poème : le feu qui symbolise la violence et la pluie est synonyme de paix. Ce dernier mot est un élément indispensable pour que la terre puisse porter aujourd'hui et même demain l'espoir du peuple angolais.

Le troisième mythe se révèle dans une perspective socio-historique et apparaît, depuis 1961, dans l'œuvre poétique d'Agostinho Neto. L'Angolanité, selon la définition du premier président de la république angolaise indépendante, se résume à l'identité forgée au long des siècles par une histoire conflictuelle, faite d'échanges socio- culturels et linguistiques entre des peuples d'origines diverses. Tout cela a donné naissance à une société *sui generis* au sein de laquelle coexistent des peuples différents, les uns, essentiellement de culture urbaine, ouverts aux nouvelles tendances et les autres, plus ruraux, soucieux de la préservation de leurs langues et leurs traditions.

La longue guerre de libération nationale (1961-1975) et les conflits qui ont suivi l'indépendance, malgré les drames et le cortège d'horreurs qui leur sont associés, ont eu au moins le mérite d'achever la détribalisation du pays, déjà avancée, en faisant circuler sur tout le

---

[40] - "O capim não foi plantado
Nem tratado,
E cresceu. É força
Que vem da força da terra.
Mas o capim está a arder
E a força que vem da terra
Com a pujança da queimada
Parece desaparecer.
Mas não! Basta a primeira chuvada
Para o capim reviver".
MONTEIRO, Manuel Rui, *Cinco vezes Onze Poemas em Novembro*, Edições 70, Lisboa, 1985, p. 18.

territoire les représentants des ethnies de toutes les régions, et en accélérant par là même leur intégration dans une entité nationale reconnaissable à ses principaux symboles : le drapeau, l'hymne national, l'unité monétaire, sans oublier la langue officielle, le portugais.

Aujourd'hui, nul ne remet plus en cause l'existence de l'angolanité si longtemps annoncée. Celle-ci se résume avant tout à la conscience d'appartenir à une entité nationale, sur une base historico-culturelle symbolique ou simplement affective, qui implique le respect non seulement du patrimoine commun, des valeurs, des croyances et des principes de la majorité des citoyens, mais encore de l'identité et du développement de tous les groupes formant la nation angolaise, avec leurs cultures respectives.

C'est en portugais que s'est élaborée l'angolanité. La langue portugaise apparaît dès lors comme un butin de guerre que les écrivains se sont approprié. La situation de la langue portugaise en Angola n'est pas la même que celle de la langue anglaise au Nigeria ou de la langue française au Sénégal[41]. Le bilinguisme est un vieux problème que les écrivains et nationalistes du XIXe siècle ont déjà dû poser au bénéfice de la langue portugaise. Cette intelligencia angolaise concevait encore l'angolanité comme une juxtaposition de deux entités culturelles différentes et défendait le portugais comme langue de civilisation, et le kimbundu comme langue de culture. Néanmoins, en prétendant construire la littérature de la patrie, ces intellectuels écrivirent presque tous en portugais et bien peu furent ceux qui ont essayé le bilinguisme. Cordeiro da Matta, un des écrivains angolais du siècle dernier, parmi ceux qui ont le plus travaillé la langue kimbundu et qui ont publié dans les journaux de l'époque des études sur les questions linguistiques du Kimbundu, défendait le purisme et la parfaite maîtrise des deux langues ; portugais et kimbundu revêtaient ainsi la même importance. Le mouvement de libération ne put qu'adopter la langue portugaise comme moyen de lutte car c'était la seule langue qui dépassait les limites d'une revendication autonomiste

---

[41] Comme l'écrit Manuel Rui Monteiro, « les écrivains africains qui emploient le français ou l'anglais utilisent une langue de loi, une langue prise en tant que code", tandis que les Angolais se sont appropriés la langue portugaise durant la longue durée du processus de socialisation des élites angolaises. Ces élites, au départ, font cohabiter le portugais avec plusieurs langues angolaises. D'ailleurs, les premiers livres apparus en Angola comme "DOVTRINA CHRISTÃA" (1624) ou "Le Gentium d'Angola Suffisamment instruit dans les Mystères de notre Sainte Foi" (1661) sont des catéchismes bilingues (portugais-kikongo) ou même trilingues (latin-portugais-kimbundu) utilisés soit pour catéchiser soit pour instruire ». In http://pt.wikipedia.org/wiki/Manuel RuiAlvesMonteiro

de groupes ethnolinguistiques et se plaçait sur un plan pan-angolais. Même les mouvements de libération qui, au départ, avaient une optique royaliste ou populiste, étaient obligés d'utiliser le portugais, au moins pour le discours écrit.

D'ailleurs, le panafricanisme se présente comme un mouvement continental africain qui dépasse le stade d'un mouvement culturel pour prétendre atteindre celui d'une émancipation globale. Le portugais était la langue commune à ceux qui luttèrent pour l'émancipation des Angolais. C'est ainsi qu'Agostinho Neto, Mário de Andrade (Angola) Francisco José Tenreiro, Espírito Santo (São Tomé), Marcelino dos Santos (Mozambique) et Amílcar Cabral (Cap-Vert et Guinée-Bissau) écrivirent en collaboration un essai qui avait pour titre *La réflexion sur le combat contre l'assimilation*[42]. Cette réflexion qui était "*un discours de rupture et une affirmation de l'identité nationale africaine*" s'est faite dans la langue dite du colonisateur sans aucun état d'âme.

On pourrait remonter plus loin pour dire que déjà D. António I, un des rois catholiques du Kongo, dans son *Manifeste de Guerre* dans lequel il s'affirme comme le souverain de plusieurs peuples qu'il mobilise pour la guerre contre les Portugais, utilise précisément la langue portugaise. À l'indépendance, la tentative de création d'une nouvelle langue nationale ayant pour base les principales langues africaines, comme l'avaient fait les serbo-croates en Yougoslavie, n'a pas eu un grand nombre de partisans et n'a pas débouché sur des résultats tangibles. En réalité, le rôle de la langue portugaise s'est de plus en plus renforcé car l'alphabétisation se fait en portugais, conséquence de la politique centralisatrice de la puissance coloniale et de l'État post-colonial. Le portugais est ainsi la langue du discours politique par excellence, la langue de promotion sociale et un moyen de légitimation, car sa maîtrise est un sérieux indice de compétence technologique et d'ouverture culturelle.

Toujours à propos de la langue portugaise, les faits suivants doivent être considérés. Tout d'abord, dans les pays africains parlant officiellement le portugais, cette langue est parlée par une minorité de la population, notamment la population urbaine plus instruite, le portugais étant évidemment la langue officielle. Mais la majorité de la population ne l'utilise pas – le créole domine même la vie urbaine en Guinée-Bissau et au Cap-Vert – ou ne le comprend pas comme au Mozambique et, à un moindre degré, en Angola. Pendant les dernières décennies (de 1980 à 2000), l'influence du portugais a été soumise à des tendances contradictoires. D'un côté, les guerres (au Mozambique

---

[42]. *La réflexion sur le combat contre l'assimilation*, Centre d'Etudes Africaines, Lisbonne, 1956.

et en Angola) ont provoqué le déplacement de centaines de milliers d'habitants, de la campagne vers les villes, les mettant ainsi au contact d'un environnement plus lusophone. De l'autre côté, un très grand nombre de réfugiés a passé de longs séjours dans des pays voisins ne parlant pas portugais – et disposant de systèmes scolaires plus efficaces. Ces facteurs ont largement contribué à la renaissance de l'Angola.

Renaissance angolaise.

Nous prétendons mettre en évidence le grand bond en avant économique après des années de guerre civile, non pas comme un économiste, mais plutôt comme un observateur attentif. Aujourd'hui, le pays se relève de ses cendres et intéresse de plus en plus les investisseurs[43], malgré une démocratie balbutiante. En Angola, le cauchemar colonial s'est prolongé en guerre civile. L'indépendance, arrachée en 1975 après 20 ans de rébellions nationalistes sanglantes, aboutit à une guerre civilo-ethnique dans un contexte de guerre froide.

Trois groupes armés s'opposent dans de violentes luttes fratricides qui ne s'achèveront qu'avec la mort, en février 2002, du leader historique de l'UNITA (Union Nationale pour l'Indépendance Totale de l'Angola), Jonas Savimbi. Un cessez-le-feu est signé mettant fin, officiellement, à un conflit qui aurait fait 500 000 morts et 4 millions de déplacés. Désormais, l'Angola doit s'atteler à la reconstruction d'un pays dévasté, dont le sol regorge de mines anti-personnelles. Tirer profit des ressources naturelles, réhabiliter l'ensemble des infrastructures détruites et lutter contre la pauvreté, sont les défis à relever par les autorités. Le pays s'offre depuis une nouvelle jeunesse. Il dispose d'un énorme potentiel, notamment en ressources naturelles, qui attire beaucoup de investisseurs internationaux.

Pétrole et diamants dominent, aujourd'hui, largement l'économie angolaise. Deuxième pays producteur de pétrole de l'Afrique sub-

---

[43] - «Mais, depuis trois ans, un autre eldorado a surgi, plus lointain : l'Angola. Cette ancienne colonie portugaise, devenue indépendante en 1975 à la suite d'une longue guerre, se trouve à sept heures de vol de Lisbonne, dans le sud de l'Afrique. Le pays offre un territoire douze fois plus vaste que le Portugal. [...] Le phénomène est en forte augmentation. En 2006, on ne recensait que 156 visas de Portugais en partance vers l'ex-colonie. En 2009, ils étaient 23 787. Désormais, 100 000 Portugais seraient installés là-bas, soit quatre fois plus que les Angolais s'installant au Portugal où, crise oblige, ils n'arrivent plus qu'au compte-gouttes. Ça me fait penser à l'époque des grandes découvertes, lorsque nos ancêtres partaient vers l'Afrique pour fuir, eux aussi, la crise économique». MUSSEAU, François, *Libération*, n°324, 22 octobre 2010, p.8.

saharienne et membre de l'Organisation des pays producteurs et exportateurs de pétrole (OPEP) depuis 2007, l'Angola suscite la convoitise de nombreux pays occidentaux et d'Asie. Ses réserves pétrolifères sont estimées à 12 milliards de barils, elles sont situées principalement au large de l'enclave de Cabinda, une zone sous tension où règnent des velléités séparatistes. L'Angola extrait 2 millions de barils par jour, mais devrait doubler sa production, d'ici 5 ans, grâce à la mise en service de deux nouveaux champs pétrolifères. Cette matière première représente la moitié du Produit intérieur brut (PIB), les ¾ des recettes publiques et 90% des exportations.

Une manne financière équivalant, en 2010, à 25 millions d'euros par an. Mais les liens entre ce marché et les autres secteurs de l'économie restent encore très limités et les ressources tirées des hydrocarbures ne génèrent que peu d'emplois. Les diamants sont la deuxième source de revenus du pays mais ne représentent que 5% du PIB. Le gouvernement cherche à reprendre le contrôle de ce secteur.

En 2004, 300 000 étrangers sont expulsés pour exploitation illégale de diamants, au cours de l'opération *Brilhante*. La production diamantifère devrait, comme celle des hydrocarbures, doubler avec la mise en production de plusieurs mines. Malgré cela, diamants et pétrole continuent de souffrir de l'opacité des finances publiques. Et l'Angola, en dépit de ses richesses, peine à développer les autres secteurs de son économie, comme la pêche, l'agriculture, les services ou le commerce.

Pourtant, le PIB, en hausse constante et à deux chiffres depuis 2002, attire de nouveaux investisseurs. L'Angola a atteint, en 2004, une croissance supérieure à 24%. Avec la stabilisation de l'inflation, retombée en deçà des 35% en 2004, l'Angola apparaît comme une terre providentielle pour des investisseurs étrangers, longtemps privés de ce marché sous chape de plomb communiste.

Depuis la chute du mur de Berlin, l'Union européenne est devenue le premier fournisseur de l'Angola, avec en tête, le Portugal. Ce dernier, confronté à de sérieuses difficultés économiques, est particulièrement dépendant de ses échanges avec l'Angola. Les ventes lusitaniennes ont dépassé, en 2008, les 800 millions d'euros, avec l'objectif d'atteindre un milliard et demi, en 2011. Si l'Angola dispose d'importants atouts pour devenir un grand d'Afrique, il pâtit en revanche d'un sérieux handicap en matière de bonne gouvernance[44].

[44]- Le président Eduardo dos Santos le reconnaît dans l'une de ses allocutions : "Angola, não é o país do futuro, nem o seu futuro começa agora, como afirmou o " presidente, José Eduardo dos Santos ", Angola é o país do presente com os olhos virados para o futuro, os angolanos já não podem esperar mais, para terem um país decente, onde pelo menos possam ter uma qualidade de vida aceitável com a sua

Transparency International range l'Angola parmi les pays les plus corrompus de la planète. Il occupe sur les 158 pays le 150e rang. Des analystes, comme ceux du *Nouvel Observateur*[45], insistent sur le quasi-monopole de tous les secteurs économiquement rentables par le Président José Eduardo dos Santos et par ses réseaux. Quant à la justice, elle reste une émanation du pouvoir. En effet, les dirigeants accusés de corruption ne sont pas souvent poursuivis. Cette situation entretient une certaine culture de l'impunité. Du côté de la population, le tableau est, là aussi, assez sombre. Ainsi, près d'un million de personnes (sur une population de 15,9 millions) dépendent de l'aide alimentaire. Cela fait que l'Angola est parmi les pays qui ont les indicateurs de développement humain les plus faibles (160e place sur 177 pays). La malnutrition touche la moitié des enfants en bas âge et le taux d'analphabétisme est l'un des plus forts d'Afrique (58%).

Conclusion

L'Angola d'aujourd'hui est assis sur un certain nombre de valeurs et de mythes qui font sa cohésion sociale et qui expliquent en partie son émergence économique. Depuis 2002, ce pays compte à l'échelle sous-régionale et continentale. Les mythes de l'unité nationale, du travail, de l'angolanité, affirmés avec force par le drapeau et l'hymne national, ont ouvert pour ce pays une page d'espoir et d'optimisme, qui s'appuie sur la reconnaissance de l'histoire commune avec le Portugal. En effet, la langue portugaise s'est ainsi constituée tôt comme la langue de production du discours de l'angolanité de telle façon que depuis la prise de conscience philosophique de l'Angola, du combat des nationalistes du XIXe siècle à la lutte armée de libération nationale, elle n'a jamais constitué un enjeu pour le nationalisme angolais. En utilisant le portugais, il n'y a de la part des intellectuels angolais ni sentiment de trahison vis-à-vis de leur identité culturelle, ni éloignement du peuple, car ils ne pouvaient faire autrement. Le portugais est leur langue nationale. C'est pourquoi, pour les écrivains ou les politiques, le problème de la langue portugaise en Angola est un faux problème, une fausse préoccupation identitaire. La langue du

---

condição de ser humano, é o momento de olharmos para um dos males que tanto estrago faz a economia angolana; - a corrupção que se estabeleceu em todas as esferas do país". In www.jornalangolense.com Edição n° 491; Semana de 12 a 19 de Julho de 2008.

45 - Une situation dénoncée par le pape Benoit XVI, en présence du président José Eduardo dos Santos, lors de sa visite dans le pays, en mars 2009 : « il n'est pas possible d'oublier la multitude d'Angolais qui vivent en dessous du seuil de pauvreté absolue », in *Le Nouvel Observateur. Atlaséco 2010*, p. 18.

colonisateur ne joue pas seulement le rôle de dénominateur commun ; elle sert aussi d'instrument pour un discours nationaliste et émancipateur. D'ailleurs, avec le début du processus d'occidentalisation du Kongo et d'autres royaumes angolais, la langue portugaise devenait la langue officielle avant même que la colonisation ait démarrée. L'acte d'appropriation de la langue, qu'on doit entendre comme un processus, se fait d'abord dans une ambiance de coopération puis de confrontation découlant d'une politique d'assimilation. La langue apparaît alors comme un butin de guerre dont nous parlent les écrivains angolais contemporains comme Pepetela ou Boaventura Cardoso. Ainsi, la langue portugaise, moins qu'un simple instrument de combat contre le colonialisme, est un élément constituant de l'être collectif angolais ; c'est l'outil commun aux diverses voies de la formation de l'angolanité. D'ailleurs, le processus d'appropriation de la langue est aussi un moment d'enrichissement du portugais car le contact quotidien du portugais avec les langues africaines lui impose un autre rythme, une construction syntaxique différente, un lexique inédit et une graphie nouvelle qui va influencer profondément la langue parlée au Portugal.
En plus de sa richesse linguistique, l'Angola est devenu au XXIe un pays résolument tourné vers l'avenir et sur lequel il faut compter pour changer l'image négative collée à l'Afrique. Depuis la fin du conflit, ce pays connaît une croissance à deux chiffres (10 % en 2010). Malgré tout, l'Angola doit désormais veiller à la transparence de son secteur privé. Il lui faut aussi composer avec une population très jeune (un Angolais sur deux a moins de 25 ans), frappée par le chômage et la pauvreté, deux fléaux qui touchent six angolais sur dix.
Loin d'être exhaustive, notre étude se veut une invite à la recherche sur l'Angola, un pays en phase de devenir une locomotive en Afrique. L'ignorer aujourd'hui serait perdre de vue le processus évolutif d'une partie du continent.

Références bibliographiques

Livres

Le Nouvel Observateur. Atlaséco 2010.

MENEZES, Solival, *Mamma Angola: Sociedade e Economia de um País Nascente*, EDUSP (Editora da Universidade de São Paulo), 2006.

MONTEIRO, Manuel Rui, *Cinco vezes Onze Poemas em Novembro*, Edições 70, Lisboa, 1985.

OPPENHEIMER, Jochen, *Réalités et mythes de la coopération portugaise*, Institut Supérieur d'Economie et de Gestion, Lisbonne, 1996.

PEPETELA, *Mayombe*, Edições 70, Lisboa, 1980.

PRINZ, Manfred F., *Francophonie et littérature africaines en langue portugaise*, Notre Librairie, Paris, s. d.

TEIXEIRA, Rui de Azevedo, *A guerra colonial e o romance português*, Editora Notícias, Lisboa, 1998.

Articles

MUSSEAU, François, «L'Angola, nouvel eldorado des jeunes portugais», In *Libération*, n°324, 22 octobre 2010.

RODRIGUES, Urbano Tavares, "Mayombe e a condição humana", in *Tradições e rupturas. Ensaios*, Editorial Presença, Lisboa, 1994.

www.jornalangolense.com Edição n° 491, Semana de 12 a 19 de Julho de 2008.

www. pt.wikipedia.org/wiki/Manuel Rui Alves Monteiro

RÉSUMÉS DES ARTICLES

« Le NEPAD face à l'enjeu développementaliste d'un continent : quelle analyse du partenariat international ? »

Patrice Moundounga MOUITY

L'émergence de la mondialisation, induisant des répercussions aux niveaux économique et politique, a mis à mal les mutations régionalistes survenues en Afrique. Plus qu'une transformation de la vision de la coopération entre les Etats, ce sont les systèmes étatiques qui ont subi de lourdes métamorphoses avec la création du NEPAD (Nouveau partenariat pour le développement de l'Afrique). Quelles sont alors les nouvelles relations et évolutions politiques internes et internationales de l'Afrique avec la communauté internationale ? C'est à cette question d'ensemble sur l'avenir de l'Afrique que cet article tente d'apporter des réponses au partenariat international au développement.

Abstract: The emergence of globalization, inducing impact in economic and political, has undermined the regionalist mutations occurred in Africa. More than a transformation of the vision of cooperation between States, it is the state systems that have suffered significant transformations with the creation of NEPAD (New Partnership for Africa's Development). What then are the new relationships and developments domestic and international policies in Africa with the international community? It was at this whole question on the future of Africa as this article attempts to provide answers to the international partnership for development.

***

« La compétitivité de l'environnement des affaires au Cameroun : quelques obstacles observés à la lumière de l'interprétation du Rapport *Doing Business* 2007 de la Banque Mondiale »

Fernand Pissang KELLER

Dans cette étude, ma préoccupation majeure est de montrer les difficultés inhérentes dans le financement des investissements privés au Cameroun et partant, de celui du climat des affaires grâce de l'interprétation du Rapport *Doing Business 2007* de la Banque Mondiale. Cette recherche repose exclusivement sur une analyse de discours basée sur un constat empirique. Elle est essentiellement articulée autour de deux parties et fondée sur une démarche comparée tirées des indicateurs économiques du Cameroun par rapport à ceux des autres pays membres de la CEMAC. Les analyses et les conclusions de cette étude portent certes sur le Rapport *Doing Business 2007* de la Banque Mondiale, mais aussi sur d'autres sources secondaires tirées d'articles, notes, monographies et autres rapports économiques.

Abstract: In this case of study, my major concern is to show the difficulties in financing private investment in Cameroon and hence, the business climate through the interpretation of the 2007 Report *Doing Business* of the World Bank. Based on an empirical observation, this research is focused solely on an analysis of speech comparing Cameroon economic indicators to other members' States of the CEMAC Zone. This study consists of two parts, while analysis and conclusions are centered on the 2007 Report *Doing Business*, but also from other sources like articles, notes, monographs and economic reports.

***

« Les grands projets de désalinisation des sols en Casamance : entre espoir et désillusion »

Christian Thierry MANGA

La Casamance est une région à fortes potentialités agricoles très dépendante d'un système agricole traditionnel et des initiatives paysannes. Les bouleversements économiques et la sécheresse des années 70 furent les principaux facteurs qui éveillèrent les consciences d'une nécessité de moderniser le système agricole de cette région méridionale du Sénégal en vue de récupérer des terres affectées par la salinisation et d'augmenter la productivité. La mise en œuvre des projets agricoles et la construction d'ouvrages hydro-agricoles (barrage anti-sel d'Affiniam, Guidel,...) devant dessaler et inonder les sols sulfatés acides et hydromorphes des bas fonds s'est soldée par un échec et a entrainé du coup des conséquences environnementales et socio-économiques catastrophiques.

Abstract: Casamance is a region with important agricultural potentialities highly dependent on a traditional agricultural system and peasant initiatives. The economic upheavals and the drought of the 70s (seventies) were the main factors which that aroused the conscience of a necessity to modernize the agricultural system of this southern region of Senegal with a view to recoving lands affected by the salinisation and to increase the productivity. The implementation of the agricultural projects and the construction of hydro-agricultural structures (dam anti-salt of Affiniam, Guidel) that must desalinate and flood the acid sulphate and hydromorphic soils of low fund it is resulted in failure and has entrained so the catastrophic environmental and socioeconomic consequences.

***

« L'unité africaine à l'épreuve : de l'intégration à la désintégration politique »

N'DRI Diby Cyrille

Après la « balkanisation » de l'Afrique, situation humiliante, ce continent est en proie à de sérieux conflits frontaliers. Il est donc impérieux que les Africains collaborent pour donner au « berceau de l'humanité » une unité politique. D'où la nécessité d'une coopération, d'une fraternité, d'un bon voisinage pour la fin des conflits inter-états ou frontaliers, source de désintégration politique en Afrique.

Abstract: Africa has been facing serious border conflicts since it's "balkanization", such a humiliating and pitiful act. As such, it appears urgent for Africans to join hands is order to create a political unity for the "humanity cradle". Hence cooperation and brotherhood, peaceful, neighbourhood will be necessary to put an end to inter-states or border conflicts which always engender political disintegration in Africa.

***

« Penser la parole politique en Afrique : pour une démocratie et cohésion sociale durable »

Léonard Kouadio KOUASSI

Aussi longtemps que les plus grands experts qui se préoccupent du règlement des conflits ne situeront pas la source des violences que vit l'Afrique dans l'instrumentalisation de la parole politique, toutes les tentatives de solutions aux conflits resteront inefficaces. Car en réalité, le débat démocratique en Afrique, ne se limite pas seulement au niveau juridique ou sociologique. Il doit reposer sur les fondamentaux de l'Être africain lui-même. Il s'agit donc de situer la politique africaine dans l'ouvert de la parole en tant que parole afin de désaliéner le dire politique : seule condition nécessaire pour l'avènement de sociétés africaines démocratiques et solidaires entre elles.

Abstract: As long as the prominent experts who deal with conflicts solving will fail to pinpoint from the instrumentalsing of the Word, the source of various violences thrashing up Africa, all attempts to cope with this delemma will desesperately remain ineffective. The reason lies in the reality that the democratic debate in Africa is not exclusively legal or sociologist related. It should rather springs forth from the fundamentals of the African individual himself. Therefore this issue is about how to situate the African politics in the asset offered by the Word in its nature of the authentic speech so that disalienation of political Word could occur; the single and vital criterion for a new dawn of interdependantly interacting democratical societies.

***

« La Palabre ou les enjeux d'une institution permanente dans l'aménagement du pouvoir dans les sociétés africaines traditionnelles »

Malick DIAGNE

Avec les réalités sociopolitiques actuelles du continent africain, issues de plusieurs siècles de brassages de toutes sortes et d'un long travail d'hybridation, il y a lieu, pour faire une analyse philosophique d'une institution aussi répandue que la Palabre dans les sociétés précoloniales, de s'inscrire dans une perspective historico-dialectique. À partir de constat, il s'est agi, à travers un travail d'analyse prospective et philosophique, de réactiver les vertus de la Palabre susceptibles d'aider à reconstruire et consolider, sur le mode dialogique, le lien social souvent déstructuré dans les sociétés africaines contemporaines par les logiques identitaires basées sur des principes de marginalisation et d'exclusion, en porte-à-faux avec l'idéal du vivre ensemble, qui a toujours été la principale préoccupation dans l'aménagement du pouvoir.

Autrement dit, il s'est agi de repérer les pratiques historiques porteuses d'un idéal démocratique comparable à la publicité telle que mise à jour par Jürgen Habermas pour ce qui est de la modernité politique occidentale. Cela nous a permis de déceler un dynamisme et une variété d'actions sociales dont on peut retrouver, aujourd'hui, les traces dans les différentes stratégies, mises en œuvre au sein des sociétés africaines contemporaines, pour échapper aux exigences et aux pesanteurs des appareils étatiques.

Abstract: With the current socio-political realities of the African continent, due to several centuries of brewing and a long hybridization, and to make a philosophical analysis of such a widespread institution that palaver in pre-colonial societies, it is necessary to enroll in a historico - dialectical prospective. From this observation, there is a need, through a prospective an philosophical analysis, to reactivate the virtues of palaver that could help to rebuild and consolidate, based on the dialogic mode, the social ties often unstructured in contemporary African societies by identity logic based on principles of marginalization and exclusion contradictory with the ideal of living together, which has always been the main concern in the development of power.
In other words, it mean to identify the historical practices carrying a democratic ideal comparable to the advertising as updated by Jürgen Habermas in terms of Western political modernity.This allowed us to detect dynamism and a variety of social actions which its mark can be found in the different strategies implemented in contemporary African societies to escape the demands and burdens of the state institutions.

***

Peut-on aujourd'hui ignorer l'Angola ?

El Hadji Omar THIAM

Dans l'histoire récente de l'Angola, nous pouvons distinguer deux phases : une première phase (1975-2002) qui se caractérise par le réveil des démons tribalistes, ethniques, mettant en péril l'unité nationale et une seconde phase (de 2002 à nos jours) qui marque la fin de la guerre civile et l'émergence de forces patriotiques et progressistes, contribuant à changer positivement le devenir de ce pays.

À la fin de la guerre civile, l'urgence a été de créer une nouvelle base unificatrice afin de reconstruire l'Angola. L'hymne national de ce pays vient ainsi affirmer l'importance de trois mythes unificateurs. Le premier mythe, largement partagé par tous les pays colonisés de cette époque, oppose la supériorité absolue de l'unité nationale à l'infériorité intrinsèque des intérêts ethniques et tribalistes. Le deuxième type de mythe se résume à l'apologie du travail non pas pour le colonisateur mais au profit du peuple angolais. Le troisième mythe se révèle dans une perspective socio-historique et apparaît, depuis 1961, dans l'œuvre poétique d'Agostinho Neto. L'Angolanité, selon lui, est l'identité forgée au long des siècles par une histoire conflictuelle, faite d'échanges socio- culturels et linguistiques entre des peuples d'origines diverses.

Aujourd'hui, le pays se relève de ses cendres et intéresse de plus en plus les investisseurs, malgré une démocratie balbutiante.

Abstract: In the recent history of Angola, we can distinguish two phases: a first phase (1975-2002) is characterized by the awakening tribalism, ethnic demons, endangering national unity and a second phase (from 2002 to now) which marks the end of the civil war and the emergence of patriotic and progressive forces, helping to positively change the future of this country.

At the end of the civil war, the urgency was to create a new unifying basis to rebuild Angola. The national anthem of this country comes and affirms the importance of unifying three myths. The first myth, widely shared by all the colonies at the time, opposed the absolute superiority of national unity to the intrinsic inferiority of tribalism and ethnic interests. The second myth comes down to the glorification of work not for the colonizer but the benefit of the Angolan people. The third myth is revealed in a socio-historical perspective and appears since 1961 in the poetic work of Agostinho Neto. The Angolaness, according to him, is the identity forged over the centuries by a history of conflict, made of socio-cultural and linguistic exchanges between peoples of diverse origins.Today, the country rises from the ashes and more interested investors, despite a nascent democracy.

REVUEAFRICAINE

Revue de réflexion et d'étude, *Revue Africaine* est un lieu de débat et un support d'expression pour les chercheurs travaillant sur l'Afrique. Le lecteur y trouvera représentées des disciplines aussi variées que les lettres, arts, sciences humaines et sociales. Ce numéro est pluri-thématique.

FIKIRA

Fondation gabriel péri

L'HARMATTAN ITALIA
Via Degli Artisti 15; 10124 Torino

L'HARMATTAN HONGRIE
Könyvesbolt ; Kossuth L. u. 14-16
1053 Budapest

L'HARMATTAN KINSHASA
185, avenue Nyangwe
Commune de Lingwala
Kinshasa, R.D. Congo
(00243) 998697603 ou (00243) 999229662

L'HARMATTAN CONGO
67, av. E. P. Lumumba
Bât. – Congo Pharmacie (Bib. Nat.)
BP2874 Brazzaville
harmattan.congo@yahoo.fr

L'HARMATTAN GUINÉE
Almamya Rue KA 028, en face du restaurant Le Cèdre
OKB agency BP 3470 Conakry
(00224) 60 20 85 08
harmattanguinee@yahoo.fr

L'HARMATTAN CAMEROUN
BP 11486
Face à la SNI, immeuble Don Bosco
Yaoundé
(00237) 99 76 61 66
harmattancam@yahoo.fr

L'HARMATTAN CÔTE D'IVOIRE
Résidence Karl / cité des arts
Abidjan-Cocody 03 BP 1588 Abidjan 03
(00225) 05 77 87 31
etien_nda@yahoo.fr

L'HARMATTAN MAURITANIE
Espace El Kettab du livre francophone
N° 472 avenue du Palais des Congrès
BP 316 Nouakchott
(00222) 63 25 980

L'HARMATTAN SÉNÉGAL
« Villa Rose », rue de Diourbel X G, Point E
BP 45034 Dakar FANN
(00221) 33 825 98 58 / 77 242 25 08
senharmattan@gmail.com

L'HARMATTAN BÉNIN
ISOR-BENIN
01 BP 359 COTONOU-RP
Quartier Gbèdjromèdé,
Rue Agbélenco, Lot 1247 I
Tél : 00 229 21 32 53 79
christian_dablaka123@yahoo.fr

Achevé d'imprimer par Corlet Numérique - 14110 Condé-sur-Noireau
N° d'Imprimeur : 109778 - Dépôt légal : juillet 2014 - *Imprimé en France*

www.ingramcontent.com/pod-product-compliance
Lightning Source LLC
LaVergne TN
LVHW021219061026
849535LV00008B/2824
* 9 7 8 2 3 4 3 0 3 4 0 0 3 *